JOURNAL ABREGÉ

De ce qui s'est passé en la Ville

DE MARSEILLE,

Depuis qu'elle est affligée

DE LA CONTAGION.

JOURNAL ABREGÉ

DE CE QUI S'EST PASSÉ EN LA VILLE DE MARSEILLE, DEPUIS QU'ELLE EST AFFLIGÉE DE LA CONTAGION.

Tiré du Mémorial de la Chambre du Conseil de l'Hôtel de Ville, tenu par le Sr Pichatty de Croiſlainte, Conſeil & Orateur de la Communauté, & Procureur du Roy de la Police.

****

A PARIS,

Chez
Henry Charpentier, grand'Salle du Palais, au bon Charpentier, & au grand Ceſar.

Jacques Josse, Imprimeur-Libraire, ruë S. Jacques, à la Colombe Royale.

&

Pierre Prault, à l'entrée du Quay de Gêvres, du côté du Pont au Change, au Paradis.

M. DCCXXI.

Avec Approbation, & Privilege du Roy.

JOURNAL
ABREGÉ

De ce qui s'eſt paſſé en la ville de Marſeille, depuis qu'elle eſt affligée de la Contagion.

Tiré du Memorial de la Chambre du Conſeil de l'Hôtel de Ville, tenu par le Sr Pichatty de Croiſlainte Conſeil & Orateur de la Communauté, & Procureur du Roy de la Police.

ES Côtes du Levant étant toûjours ſuſpectes de Peſte, tous les Bâtimens qui viennent de là à Marſeille, s'arrêtent aux Iſles du Chateaudif, &

les Intendans de la Santé reglent le tems & la forme de leurs Quarantaines, & de la purge de leurs Marchandises, par la qualité de leurs Patentes & de l'état de la santé des lieux particuliers d'où ils viennent.

Dans le commencement du mois de May dernier, on apprend à Marseille que depuis le mois de Mars la Peste est en la pluspart des Villes Maritimes ou Echelles de la Palestine & de la Syrie.

Le 25. du même mois de May, le Vaisseau du Capitaine Chataud qui en vient, c'est-à-dire de Seide, de Tripoli, de Sirie, & de Chypres arrivé à ces Isles; mais ses Patentes sont nettes, parce qu'il en est parti le 31. Janvier avant que la Peste y fût.

Il déclare pourtant aux Intendans de la Santé, que dans sa Route ou à Livorne où il a touché, il est mort six hommes de son Equipage; mais il fait voir par le Certificat des Medecins de Santé de Livorne, qu'ils ne sont morts que des fiévres malignes causées par les mauvais Alimens dont ils se sont nourris.

Le 27. May, un de ses Matelots meurt dans son bord.

Le 28. les Intendans le font porter dans les Infirmeries, Guerard premier Chirurgien de santé le visite & declare par son rapport qu'il n'a aucune marque de contagion.

Le 29. les Intendans reglent la purge des marchandises, de la Cargaison de ce Vaisseau à 40. jours entiers comptables seulement du jour que la derniere Balle en sera transportée dans les Infirmeries.

Le dernier May, trois autres Bâtimens arrivent à ces mêmes Isles, la Barque du Capitaine Aillaud qui vient de Seyde, d'où elle est partie depuis que la peste y est, la Courvette du Capitaine Aillaud qui vient du même lieu, & la Barque du Capitaine Fouque qui vient d'Alexandrette.

Le 12. Juin le Vaisseau du Capitaine Gabriël y arrive aussi avec Patente brute venant des mêmes lieux.

Ce jour la Garde de quarantaine que les Intendans ont mis sur le Vaisseau du Capitaine Chataud y meurt; le même Guerard premier Chirurgien de santé le visite & déclare par son rapport qu'il n'a point de marque de contagion.

Le 14. Juin les Passagers venus sur ce Vaisseau ont le dernier Parfum dans les Infirmeries; & on leur accorde l'entrée comme à l'ordinaire.

Le 23. veille de saint Jean-Baptiste, M. le Grand-Prieur arrive de Genes avec des Galeres du Roy, Mrs les Echevins ont l'honneur de l'aller saluer, & j'ay celuy de le haranguer au nom de la Ville.

Ce jour un Mousse du Bord du Capitaine Chataud, un Portefaix qui est dans les Infirmeries à la purge de ses marchandises, & une autre qui est à la purge de celles du Capitaine Gabriël, tombent malades, raport du même Chirurgien, qu'ils n'ont aucune marque de contagion.

Le 24. un autre Portefaix établi à la purge des marchandiſes du Capitaine Aillaud tombe auſſi malade; viſité & même raport.

Le 24. & 26. mort ſucceſſivement de tous les quatre; ils ſont viſités, raport qu'ils n'ont point de marque de contagion.

Nonobſtant ces Raports, les Intendans déliberent pourtant de faire par précaution enterrer tous ces cadavres dans la chaux vive; de faire retirer de l'Iſle de Pomegué les trois Vaiſſeaux de ces Capitaines Chataud, Aillaud & Gabriël, & de les envoyer à une Iſle écartée appelée *Jarre*, pour y recommencer leur quarantaine, & de faire fermer l'Enclos où leurs marchandiſes ſont en purge dans les Infirmeries, ſans en laiſſer ſortir les Portefaix deſtinés pour les évanter.

Le 28 Juin un autre Bâtiment, qui eſt la Barque du Capitaine Gueymart qui vient de Seyde, arrive encore en ces Iſles avec Patente brute.

Le premier Juillet Deliberation des Intendans de faire retirer tous les Bâtimens venus avec Patente brute , à la grande prise de l'Isle de Pomegué.

Le 7. Juillet deux autres Portefaix enfermés à la purge des marchandises du Capitaine Chataud dans les Infirmeries tombent malades, le Chirurgien leur trouve des Tumeurs à l'Aine, & dit par son raport qu'il ne croit pourtant pas que cela soit la peste : il porte la peine de son incredulité, & d'avoir peut-être méconnu ce mal , car il en meurt lui-même bien-tôt aprés , avec une partie de sa famille.

Le 8. un troisiéme Portefaix tombe aussi malade ; ce Chirurgien lui trouve une enfleure à la partie superieure de la Cuisse , & alors il declare que cela lui paroît une marque de contagion , & qu'il demande à consulter.

Les Intendans appellent à l'instant trois autres Maîtres Chirurgiens pour les visiter, raport qu'ils font tous reéllement atteints de la peste.

Le 9. ces peſtiferez étant morts,on les enterre dans la chaux vive , & on brûle toutes leurs hardes.

Les Intendans deliberent en même tems , de faire tirer des Infirmeries toutes les marchandiſes de ce Capitaine Chataud & de les envoyer en purge ſur l'Iſle de *Jarre* , & ils vont à l'Hôtel de Ville avertir Mrs les Echevins de ce qui ſe paſſe.

La choſe paroiſſant de conſequence , on en écrit au Conſeil de Marine & à Mr le Marechal Duc de Villars Gouverneur de Provence : & on depute Mr Eſtelle premier Echevin avec deux Intendans de la Santé, pour aller à Aix en inſtruire Mr Lebret premier Preſident du Parlement & Intendant de Juſtice & du Commerce.

Ce jour Mr Peiſſonel & ſon Fils Medecins viennent à l'Hôtel de ville avertir Mrs les Echevins , qu'ayant été appellés à une Maiſon à la place Linche pour voir un jeune homme apellée *Eiſſalene* , il leur a paru at-

A iiij

teint de contagion.

Dés le moment on envoye des Gardes à la porte de cette Maison pour empêcher que personne n'en sorte.

Le lendemain 10. Juillet ce malade meurt & une sienne sœur se trouve malade, on redouble la garde de la maison & s'agissant d'enlever l'un & l'autre ; pour le faire tranquillement & sans donner aucune alarme au public, on attend la nuit, & sur les 11. h. Mr. Moustier autre premier Echevin s'y rend sans bruit, fait venir des Portefaix des Infirmeries, les encourage à monter dans la Maison : & ayant descendu le mort & le malade, les leur fait porter avec des brancards hors la Ville dans les Infirmeries, y fait aussi conduire toutes les personnes de cette Maison, les accompagne lui-même avec des Gardes pour que personne n'en approche, & il revient ensuite faire murer à chaux & à sable la porte de cette Maison.

Le 11. on est averti que le nommé Boyal est tombé malade au même quartier, on envoye des Medecins & des Chirurgiens le visiter; ils declarerent qu'il est atteint du mal contagieux; on fait à l'instant garder sa maison, & la nuit venuë Mr Moustier s'y porte, fait venir les Corbeaux des Infirmeries; & trouvant qu'il vient seulement d'expirer, fait prendre le cadavre, l'accompagne, le fait enterrer dans la chaux, & revient ensuite faire conduire le reste des personnes de la maison & en murer la porte.

Le 12. on rend compte de tout cela à Mr le Grand Prieur qui se trouve alors encore à Marseille, on en écrit à Mr le premier President & on fait assembler les Intendans de la Santé pour faire retourner en l'Isle de Jarre tout le reste des Bâtimens venus du Levant avec Patentes bruttes, & y faire transporter aussi toutes leurs marchandises qui sont dans les Infirmeries: Mr Audimar Echevin fut presider à leur assemblée pour les porter à le resoudre.

Le même jour & les suivants, Mrs les Echevins font de tres exactes perquisitions dans la Ville, pour decouvrir toutes les personnes qui ont eu communication avec les pestiferés, & ils font conduire les plus suspects dans les Infirmeries & sequestrer les autres dans leurs Maisons.

Le 14. ils écrivent ce qui se passe au Conseil de Marine, ils arrêtent de ne plus donner de Patentes de Santé à aucun Bâtiment, jusqu'à ce qu'ils puissent être certains que ce mal n'ait point de suite.

Le 15. pour empêcher que par ce refus d'expedier des Patentes de Santé, on ne croye dans les pays étrangers que la Peste soit dans Marseille, & que cela n'interrompe tout-à-fait le commerce, ils écrivent aux Officiers Conservateurs de la Santé de tous les Ports de l'Europe la verité du fait; c'est-à-dire qu'il y a bien de la contagion dans les Infirmeries, mais qu'elle n'a fait aucun progrés dans la Ville.

Le 21. Juillet n'étant en effet du depuis plus rien arrivé dans la Ville sur le fait de ce mal, ils le font fçavoir avec joye au Confeil de Marine, & ils continuent de pourvoir à tout ce qui eft neceffairé dans les Infirmeries pour la fubfiftance des perfonnes fufpectes qu'ils y ont envoyées & de celles qu'ils ont fequeftré dans leurs Maifons.

Déja le Public tout-à-fait raffuré, commence de tencer d'inutiles les peines que Mrs les Echevins fe font données & toutes les precautions qu'ils ont prifes ; on pretend que les deux perfonnes mortes à la Place Linche avoient tout autre mal que la contagion ; on infulte aux Medecins & aux Chirurgiens d'avoir donné par leur erreur l'allarme à toute la Ville ; on voit faire des efprits forts à une infinité de gens qu'on voit bientôt aprés plus frappés de terreur que tous les autres, & fuir ave pus de

defordre & de precipitation , leur fermeté ne dure gueres : à la verité la
Iefte eft bien à craindre & à fuir.

Le 26. Juillet on avertit Mrs les
Echevins qu'à la ruë de *Lefcalle* dans
la vieille Ville , quartier qui n'eft habité que par des pauvres gens , une
15. de perfonnes viennent d'y tomber
malades: ils y envoyent à l'inftant des
Medecins & des Chirurgiens les vifi-
ter ; ils examinent le mal , & rappor-
tent , les uns , que ce font des Fievres
malignes , les autres des Fievres con-
tagieufes ou peftilentielles , caufées
par les mauvais alimens , dont la mifere a obligé ces pauvres gens de fe
nourrir depuis long-tems ; aucun ne
dit pofitivement que ce foit la pefte ;
il falloit auffi pour le dire en être
bien affuré, le Public avoit deja paru
difpofé à fe reffentir d'une fauffe allarme qu'on lui eût donné.

Mrs les Echevins ne s'arrêtent pas
tout-à-fait à cela , & déliberent d'u-
fer par précaution tout comme fi ces
malades étoient réellement atteints

de la Peste de les envoyer tous sans bruit dans les Infirmeries, & de les sequestrer à l'instant dans leurs Maisons.

Le lendemain 27. huit de ces malades meurent; ils vont eux-mêmes dans leurs quartiers les faire visiter, on trouve des Bubons à deux; les Medecins & Chirurgiens tiennent toujours le même langage, & attribuent la cause de ce mal aux mauvais alimens. Mais nonobstant cela, dés que la nuit est venuë Mr. Moustier va sur le lieu, fait venir des Portefaix des imfirmeries, leur fait de gré ou de force enlever les cadavres avec toutes les precautions qu'il faut, on les porte aux Infirmeries où ils sont mis dans la chaux vive, & tout le reste de la nuit il y fait transmarcher les malades & tous ceux de leurs Maisons.

Le 28. au plus matin on fait chercher de tous côtés ceux qui ont eu communication pour les sequestrer: d'autres personnes de la même ruë

tombent malades & quelques malades
qui ont resté meurent : sur la minuit
Mr Estelle (pour lors de retour d'Aix)
s'y porte: fait venir les Corbeaux des
Infirmeries , leur fait transporter &
enterrer les Cadavres dans la chaux,
& fait ensuite jusqu'à l'Aube du jour
faire le transport de tous les malades.

Le Public qui aime à se tromper
& qui ne veut point absolument que
ce soit la Peste , allegue cent fausses
raisons: la Peste , dit-on , n'attaque-
roitelle que des pauvres gens comme
ceux-là ? agiroit-elle si lentement ?

Que ne se donnent-ils seulement
quelques jours de patience, & ils ver-
ront tout attaquer de suite indistinctement avec une rapidité la plus fu-
rieuse , & des ravages les plus horribles dont on ait jamais oüi parler.

Quelques opiniâtres veulent même que cette maladie ne procede sim-
plement que des Vers : mais tandis
qu'ils jasent avec tant de hardiesse ,
tremblant de peur dans leur ame ils
font leur paquet pour être plus préts

à fuir ; on laiſſe à penſer ce que font tous les autres ; chacun épouvanté prend deja la fuite, & cherche des aziles de tous côtés.

Le mal cependant continuant toûjours à cette ruë de *Leſcalle*, le 29. Juillet & pendant dix jours conſecutifs, Mrs les Echevins ſont toûjours à continuer les mêmes expeditions nocturnes, & dans le jour de continuelles perquiſitions de tous ceux qui ont communiqué avec les malades & les morts : il ſe fait de nouveaux malades en divers autres Quartiers ; on les ſequeſtre par tout avec des Gardes ; il en meurt & toutes les nuits Mrs Eſtelle & Mouſtier vont ainſi alternativement les faire enlever, les porter aux Infirmeries, & murer ou parfumer leurs maiſons, Expeditions auſſi perilleuſes que fatigantes, ſurtout lors qu'en veillant & reſtant ainſi toute la nuit ſur le pavé on eſt enſuite obligé de travailler pendant tout le jour à mille autres choſes qui ne le ſont pas moins.

quis de Pilles & Mr Mouſtier y accou-
rent ſuivis de quelques Gardes, leur
preſence les arrête, & ils les appai-
ſent tout-à-fait en leur faiſant donner
du pain.

Le 4. Mrs les Officiers de la Gar-
niſon du Fort S. Jean viennent à
l'Hôtel de Ville dire à Mrs les Echevins que le Bled leur manque, &
qu'ils le prient de leur en fournir,
qu'autrement ils ne leur répondent
pas que les Troupes de leurs Garni-
ſons ne viennent dans la Ville en
prendre par force; ils leur font ré-
ponſe, qu'ils leur en donneroient vo-
lontiers s'ils en avoient ſuffiſament,
mais que dans la diſette où ils ſont
ils ne le ſçauroient faire, & que ſi
on vient violenter les Habitans, on
les trouverra à leur tête pour les
deffendre.

Ce jour voyant que l'Arrêt rendu par la Chambre des Vacations,
ayant interdit toute communication
entre les Habitans de la Province
& ceux de Marſeille, ſi on en de-

M. le premier Président pour le prier
avec instance de vouloir leur en procurer.

Le bled qui manque rencherit d'a-
bord au dernier excés, & pour empêcher que nul ne le ressere, pour le
faire encore plus rencherir, Ordonnance à ma requisition pour en deffendre le resserrement sous des peines severes. Deux autres Ordonnances sont renduës en même temps pour
empêcher que personne ne tienne &
laisse rien dans la ville qui puisse contribuer au mal en causant l'infection.

Le 30. Juillet Revûë generale de
toutes les provisions qui peuvent
être dans la Ville, & Mrs les Echevins n'y voyant presque ni bled,
ni viande, ni bois, non plus que
d'argent dans la Caisse pour en faire
venir ; une cherté excessive de toutes choses ; tout dans un dérangement affreux, la Populace aussi mi-
serable qu'alarmée, tous les Principaux, les plus riches, & les plus ai-
sez déja en fuite : ils écrivent à M.

le Pellier des Forts , & lui expofant
ce trifte & déplorable état de Marfeille , le fupplient d'interceder auprés de Son Alteffe Royale , pour
qu'il lui plaife de grace de leur accorder quelques fecours.

Le 31. Juillet autre Ordonnance à
ma réquifition pour obliger tous les
gueux & mandians Etrangers de fortir de la Ville par tout le jour, &
ceux de la Ville de fe retirer dans
l'Hôpital de la Charité à peine du
fouet.

Mais cette Ordonnance n'eft point
mife à execution , parce que l'on apprend le même jour , que la Chambre des Vacations du Parlement
d'Aix , fur le bruit que le mal Contagieux eft à Marfeille , a rendu un
Arreft portant défenfes aux Marfeil-
lois de fortir des limites de leur Terroir, aux Habitans de toutes les Villes & Lieux de Provence de communiquer avec eux, & de les y recevoir,
& aux Muletiers, Voituriers & tous
autres d'y venir pour quelque caufe

& pretexte que ce foit , à peïne de
la vie.

En cet état , comment faire fortir
de la Ville 2. ou 3000. gueux & mandians étrangers qu'il y a ? ne pouvant plus paffer au-de-là le Terroir,
ils feroient contraints d'y refter , &
de le ravager pour pouvoir fubfifter
& vivre.

Le premier Aouft , les Srs Sicard
Pere & Fils Medecins viennent à
l'Hôtel de Ville , dire à Mrs les
Echevins qu'il n'y a point à douter
que le mal qui eft dans la Ville ne
foit veritablement la Pefte ; mais
qu'il fe font forts de la faire ceffer ,
s'ils veulent faire ce qu'ils prefcri-
ront , qui eft d'achepter quantité de
bois , de farmans & de fagots , les
faire porter & mettre à monceaux de
diftance en diftance prochaine tout
le long des Murs de la Ville , du
Cours , des Places Publiques , & des
Carrefours ; obliger chaque particulier d'en mettre auffi devant fa
Maifon , dans toutes les Ruës gene-

ralement ; allumer tous ces feux à la même heure à l'entrée de la nuit ; ce qui trés-sûrement fera cesser la Peste.

Tout le monde témoignant qu'il falloit faire cette épreuve & tous les autres Medecins qu'on fait assembler tous les jours à l'Hôtel de Ville pour sçavoir les progrès du mal ne l'improuvant point ; Mrs les Echevins font aussi-tost acheter tout le bois, les fagots, & les sarmans qu'ils trouvent , & Mrs Audimar & Dieudé vont avec toute l'ardeur du Soleil en faire l'arrangement & la disposition tout le long des Murs, du Cours, & des Places publiques.

Le lendemain 2. Aoust ils font une Ordonnance pour obliger tous les Habitans de faire chacun de pareils feux au devant leurs maisons & de les allumer sur les 9. heures du soir, au moment qu'on allumera ceux des Murs & des Places publiques : cela est ainsi executé ; c'est un spectacle qui paroît magnifique de voir un circuit de murailles si grand, si vaste, si étendu tout illuminé ; & si la Ville guerissoit par là elle gueriroit certainement d'une maniere bien réjouissante & bien agreable.

Des Magistrats, qui pour contenter le Public, & pour qu'on n'ait rien à leur reprocher, font de pareilles épreuves, ne peuvent pourtant point s'endormir sur le succès qui leur en est promis, & la prudence veut qu'ils aillent toûjours leur train, pour ne rester pas courts sur une vaine esperance : ils écrivent à M. le premier President, & le prient attendu que les chemins leur sont barrés de vouloir depêcher pour eux un Courrier à la Cour, pour representer leur misere, & les inconveniens qu'ils ont lieu de craindre se trouvant sans un sol d'argent, tandis qu'ils sont à la veille de manquer de tout, & d'avoir par surcroît, avec la Peste la Famine.

Ils mandent cependant de leur côté au Conseil de Marine le nombre des malades qu'il y a actuellement,

& des morts qu'ils ont fait porter &
enterrer dans les Infirmeries.

Le même jour dans l'Assemblée
qui se tient journellement à l'Hôtel
de la Ville avec ceux des Officiers
Municipaux & des Citoyens qui
n'ont point encore pris la fuite, où
M. le Marquis de Pille préside ou
délibere.

1°. Que comme le nombre des malades augmente de plus en plus, sur
tout à la ruë de *Lescalle*, il sera mis
un Corps de Garde à chaque avenuë
de cette ruë, pour empêcher que
personne n'y entre ny n'en sorte, &
qu'il sera établi à cet effet des Commis Etapiers pour aller distribuer des
vivres aux Familles qui s'y trouvent
habitées.

2°. Que tous les Capitaines de Ville mettront chacun sur pied une
Compagnie de 50. Hommes de milice
à la Solde de la Ville : & que cependant les cinq Brigades du Privilege
du Vin avec leurs Officiers serviront
par tout d'Escorte à Mrs les Eche-

vins aux expeditions qu'ils vont faire la nuit pour enlever les morts & les malades, & les tranfporter aux Infirmeries.

3°. Que pour que les Medecins & les Chirurgiens déja employez fervent avec plus d'ardeur, & qu'ils n'exigent rien des malades, ils feront mis aux gages de la Ville, qu'on leur donnera des Sarrots de toile cirée, & des Chaifes à Porteurs, afin qu'ils puiffent plus facilement aller par tout.

4°. Qu'attendu que la Communauté n'a point d'argent, & qu'il en faut indifpenfablement, on mettra des affiches d'Emprunt à l'intereft au denier vingt, pour tenter par-là d'en avoir: & que le Treforier ne pouvant venir refter dans l'Hôtel de Ville, le Sr Böüys premier Commis des Archives y fera établi Caiffier pour faire les payemens journaliers.

Le 3. Aouft M. le Marquis de Pilles & Mrs les Echevins étant réaffemblés avec les mêmes Citoyens, établiſſent 150. Commiſſaires dans les 5. Paroiſſes de la Ville, pour veiller chacun dans leur département aux beſoins des pauvres, leur diſtribuer du pain & autres ſubſiſtances, aux frais de la Communauté, & agir à tout ce qu'il leur ſera preſcrit pour le bien & le ſalut public.

A cette partie de la Ville appellée la *Rive Neuve*, qui eſt par de-là le Port, depuis l'Abbaye S. Victor juſques à l'Arcenal, on y établit le Sr Chevalier Roſe Capitaine & Commiſſaire General.

Et dans le Terroir, qui eſt comme une vaſte Ville, puiſqu'il y a plus de dix mille Maiſons qu'on appelle *Baſtide* dans 44. Quartiers, & Paroiſſes Succurſales dont il eſt compoſé, outre divers Hamaux aſſés conſiderables, on y nomme auſſi un Capitaine & des Commiſſaires à chacun, pour y vaquer aux mêmes ſoins.

Dés ce jour pour empêcher la communication entre les Enfans,

qui

qui à ce qu'on dit , font les plus
fusceptibles de la pefte, on fait fermer le College , & toutes les Ecoles
publiques.

Pour les feux des Srs Sicard , on
ne les réïtere plus ; on apprend que
ces Medecins ont deferté de la Ville
& d'ailleurs on ne peut plus trouver
du bois, des fagots ni des farmens ,
mais on achéte quantité de Soul-
phre , on le fait diftribuer aux
Pauvres dans tous les quartiers , &
on fait faire des parfums dans l'inte-
rieur de toutes les Maifons.

Sur le foir , M. le Marquis de
Pilles & Mrs les Echevins étant encore affemblés dans l'Hôtel de Ville,
on vient les avertir que 4. ou 500. perfonnes de Populace attroupés dans le
Quartier de l'agrandiffement y font
un defordre extraordinaire , criant
qu'ils veulent du pain; les Boulangers
de ce Quartier par le manquement
de Bled, n'en avoient pas fait la quantité ordinaire , & plufieurs avoient
eu difficulté d'en avoir ; Mr le Mar-

C

quis de Pilles & Mr Mouftier y accou-
rent fuivis de quelques Gardes, leur
prefence les arrête, & ils les appai-
fent tout-à-fait en leur faifant donner
du pain.

Le 4. Mrs les Officiers de la Gar-
nifon du Fort S. Jean viennent à
l'Hôtel de Ville dire à Mrs les Echevins que le Bled leur manque, &
qu'ils le prient de leur en fournir,
qu'autrement ils ne leur répondent
pas que les Troupes de leurs Garni-
fons ne viennent dans la Ville en
prendre par force; ils leur font ré-
ponfe, qu'ils leur en donneroient vo-
lontiers s'ils en avoient fuffifament,
mais que dans la difette où ils font
ils ne le fçauroient faire, & que fi
on vient violenter les Habitans, on
les trouverra à leur tête pour les
deffendre.

Ce jour voyant que l'Arrêt rendu par la Chambre des Vacations,
ayant interdit toute communication
entre les Habitans de la Province
& ceux de Marfeille, fi on en de-

meure en cet état & que personne ne vienne plus y apporter des Grains & des Denrées , on va bien-tôt y être reduit à une Famine extrême; ils ont recours à M. le premier Preſident , le priant tres-inſtament de vouloir faire établir, comme il s'eſt pratiqué autrefois , des marchés & bureaux de conference à certains endroits convenables qu'on barrera , où les Etrangers pourront ſans être expoſés à aucun riſque , venir leur apporter des ſubſiſtances; ils prient en même tems Mrs les Procureurs du Pays de Provence de vouloir y concourir ; on ne pût pas certainement plus compâtir aux malheurs de cette Ville affligée , qu'ils ont la bonté de le faire, & pareillement Mrs les Conſuls de toutes les Villes particulieres ; Marſeille n'oubliera jamais les Services qu'ils lui rendent dans cette calamité, non plus que les gracioſités, le zele & l'empreſſement qu'ils ont à le faire.

Le même jour, Mrs les Echevins confiderant les defordres qui arrivent fouvent en tems de Contagion, la neceffité qu'il y a de pouvoir promptement les reprimer & de faire des exemples pour contenir les Malfaiteurs & les Rebelles, & que toutes les fois que cette Ville a été affligée de la pefte; comme en 1580. 1630. 1649. & 1650. nos Roys ont toûjours octroyé à leurs predeceffeurs par des Lettres Patentes, le pouvoir de juger de tous crimes prévôtablement & en dernier reffort: ils écrivent encore à M. le premier Prefident, & le prient de vouloir bien leur obtenir de Sa Majefté de pareilles Lettres Patentes.

Le 5. Aouft réiteration d'inftance & de prier d'avoir la bonté de leur procurer du bled : ils écrivent auffi à ce fujet à Mrs les Confuls de Toulon, & à ceux de toutes les villes Maritimes de la Côte du Languedoc & de Provence, leur offrent d'aller recevoir le Bled en tel endroit écarté de la Ville qu'ils voudront choifir pour débarquer , & ils prient ceux de la Ville du Martignes d'envoyer des Bâtimens à celle d'Arles pour en charger.

Le 6. Ordonnance à ma requifition pour deffendre à toutes perfonnes de tranfporter d'une maifon à l'autre les meubles & hardes des malades & des morts , ny d'y toucher , & en faire aucun ufage à peine de la vie : autre Ordonnance portant Taux des vivres & denrées, pour réprimer l'excés du prix auquel les portent , à caufe de la rareté & de la difette , ceux qui veulent profiter de la mifere publique.

Le 7. Août la Chambre des Vacations ayant permis à Mrs les Procureurs du Pays de venir à Conference avec Mrs les Echévins , à un endroit fur le chemin d'Aix appellé *Nôtre-Dame* , diftant de Marfeille de deux lieües , M. le Marquis de Vauvenargues premier Procureur du Pays y vient accompagné de plufieurs Gentils-Hommes , & des prin-

C iij

eipaux Officiers de la Province, es-
cortés des Gardes de M. le Maréchal de Villars, d'une Brigade des
Archers de la Maréchauffée.

Une Ville affligée ou foupçonnée
de la Pefte, d'où même tous les
habitans font prefque déja en fuite,
ne peut pas correfpondre à cet honneur; Mr Eftelle premier Echevin
s'y rend, fans fuite, fans Train,
& fans efcorte, accompagné feulement du Sr Capus Archivaire de la
Ville, qui par fon habileté, fa pro-
bité & fon application, eft comme
le Gouvernail de toute cette Communauté.

A cette conference où l'on garde
la precaution de fe parler de loin,
on paffe un Concordat, portant
qu'il fera établi un marché en cet endroit, où il fera fait une double Barriere, un autre au logis du Mou-
ton fur le chemin d'Aubagne, auffi à deux lieuës de Marfeille : & un
autre pour les Bâtimens de Mer,
à une Ance appellée *Leftaque* dans

le Golfe des Isles de Marseille : qu'en tous ces marchés & Barrieres les Officiers & Gardes seront mis par Mrs les Procureurs du Pays , & payés par Mrs les Echevins.

Le 8. le Concordat est homologué par Arrêt de la Chambre des Vacations ; Mrs les Echevins écrivent en consequence à tous Mrs les Consuls des Villes & Lieux de la Province , pour les exciter à envoyer promptement des Grains, des Denrées , du Bois, du Charbon à ces marchés & Barrieres , où tout se negociera sans communication.

Ils s'appliquent le même jour à dresser une instruction generale où ils articulent toutes les fonctions ausquelles doivent vaquer les Commissaires qu'ils ont deja établi dans toutes les Paroisses & quartiers de la Ville pour soulager les pauvres, & pourvoir aux malades.

Cependant comme on voit qu'il n'est pas possible que Mrs Estelle & Moustier, qui jusqu'à lors ont toûjours été alternativement toutes les nuits faire porter les morts, les malades & suspects aux Infirmeries & murer ou desinfecter leurs maisons , puissent durer un plus long-tems à une telle fatigue ; sur tout le mal commençant de se glisser en divers quartiers de la Ville fort écartés ; quoi que Messieurs Audimars & Dieudé offrent de les y relever, M. le Marquis de Pilles jugeant necessaire qu'ils menagent leur Santé & leur Vie , ont déliberé dans l'assemblée :

1°. Qu'on se servira de Tomberaux pour enlever les morts, qu'on se saisira de tous les gueux les plus vigoureux qu'on trouvera pour servir de Corbeaux ; qu'on preposera 4. Lieutenans de Santé pour les conduire , & qu'on employera le Sr Bonnet Lieutenant de Viguier pour les commander.

2°. Qu'on fera incessament travailler à ouvrir des grandes & profondes Fosses hors les murs de la

Ville, pour y enterrer les Cadavres
avec la chaux vive.

Et 3°. qu'on établira en toute diligence un Hôpital de pefte; on jette
d'abord les yeux fur celui de la Charité, on s'y porte, mais la difficulté de
loger ailleurs plus de 800. pauvres de
tout fexe qui s'y trouvent, les reduit
à prendre celui des Convalefcens qui
eft prés des murs de la Ville du côté de la porte Bernard du Bois.

Le 9. Août on s'apperçoit que
quelques Medecins & prefque tous
les Maîtres Chirurgiens ont pris la
fuite; Ordonnance à ma requifition pour les obliger à revenir, à
peine les premiers, d'être exclus pour
toûjours de leur aggregation, & les
autres de leur Jurande & Maîtrife
& d'être procedé contre eux extraor-
dinairement.

Autre ordonnance à ma réquifition pour deffendre aux Bouchers
en écorchant les Bœufs & les Moutons à la Tuerie, de les enfler avec
la bouche, par ou la pefte peut fe

communiquer à la viande, mais de se servir des soufflets, à peine de la vie.

Une autre pour deffendre aux Boulangers, de convertir en biscuit la Farine que la Ville leur donne pour en faire du pain pour les pauvres, n'y de faire aucun pain blanc afin de leur ôter l'occasion de defleurer la Farine destinée à ce pain.

Et une autre pour deffendre à toutes personnes, de detourner les Eaux publiques pour les arrosages de la campagne pour que les fontaines ne tarissent pas, & que l'eau coule plus abondamment par toutes les Ruës de la Ville, & emporte les ordures.

Ce jour & suivans ce ne sont pas des petites difficultés, de mettre à execution tout ce qui a été déliberé le jour precedent ; il faut des Tomberaux, des Chevaux, des Harnois ; il faut en aller chercher à la campagne & Personne n'en veut donner pour servir à porter des pestiferés , il faut

des gens pour les atteller & pour les
conduire, & chacun abhorre de prê-
ter ses œuvres à un service si dangereux ; il faut des Corbeaux pour
aller prendre les Cadavres dans les
maisons, & quelque excessif paye-
ment que l'on offre, les plus mise-
rables fuyent un metier si perilleux,
font des efforts terribles pour l'é-
viter, il faut des Paysans pour ouvrir des Fosses, & nul ne veut venir y travailler par la crainte &
l'horreur dont il est saisi ; Mrs. les
Echevins font obligés de se donner
des mouvemens extrêmes, pour a-
voir les uns par adresse, & les autres par la force & par la rigueur.

Mettre en état aussi promprte-
ment qu'il le faut un Hôpital de
peste, & le pourvoir de tout ce qui
est necessaire qui est presque infini, n'est pas certainement un embarras moins rempli de difficultés
& de peines : cet Hôpital des Convalescens dont on a deliberé de se
servir ne se trouve point assés grand

il faut l'agrandir par la jonction du Jas de la Ville qui est presque attenant, mille choses s'y trouvent à faire & on ne peut cependant disposer de qui que ce soit ; Mr Moustier est obligé d'y aller, & d'y rester lui-même, & faisant travailler tant la nuit que le jour fait si bien que dans deux fois 24. heures il le dispose, & le rend prêt, assorti, en état de recevoir les malades.

Pour y avoir des Oeconomes, des Infirmiers, des Cuisiniers, & autres bas Officiers, sur tout le grand nombre qu'il faut de gens pour y servir des pestiferés, la chose est constament trés-difficile : on met des affiches par tout pour tâcher d'exciter de ces ames que l'avarice jette dans les dangers, ou qu'une charité surabondante fait devoüer au public ; & à force de chercher, d'encourager, de donner & de promettre on parvient à en avoir ; la Pharmacie & la Chirurgie y sont établies ; deux Medecins étrangers appellés, les Srs Gayon viennent d'eux-mêmes se presenter pour y servir & s'y enfermer ; la mort par malheur termine trop tôt leur charité & leur zele.

Trois fosses de 10. toises de longueur & de largeur, & de 24. pieds de profondeur, sont en même-tems ouvertes hors les murs entre la porte d'Aix., & celle de la Joliette : pour en venir à bout & contraindre les paysans à travailler Mr Moustier est obligé d'y aller rester luy-même, exposé presque d'une aube à l'autre à l'ardeur du Soleil.

Le Sr Chevalier Rose qu'on a établi Capitaine & Commissaire General à la Rive-Nèuve audelà du Port, y fait en même-tems la même chose ; il met en état un autre vaste Hôpital sous les voutes d'une Corderie ; fait ouvrir des grandes & profondes Fosses du côté de l'Abbaye S: Victor, ramasse des Tomberaux & des Corbeaux, & toutes les personnes necessaires pour pour-

voir aux vivans, aux mourans &
aux morts; & ce qui n'eſt gueres
moins remarquable, que ſon activité, ſon courage & ſon zele pour
ſon infortunée patrie, c'eſt qu'il fournit à toutes les grandes depenſes qu'il
faut faire pour l'entretien de cet Hôpital, & de tant de perſonnes qu'il
faut tenir ſur pied de ſon propre
argent, ſans ſe mettre en peine quand
& comment il pourra être rembour-
ſé.

A peine ces Hôpitaux de peſte
ſont ainſi prêts à recevoir les malades, que les voila en moins de deux
jours entierement remplis : à la verité ceux qu'on y porte ne les occupent pas long-tems, le mal eſt ſi
violent que ceux qui y entrent le
ſoir, vont le lendemain dans les Foſ-
ſés; & les Hôpitaux n'étant ainſi
qu'un repoſoir d'un moment, les
morts chaque jour ſucceſſivement y
font placé aux nouveaux malades.

Le 12. Août les Mrs de Chicoyneau & Verny premiers Medecins de

Montpellier arrivent à la Barriere Nôtre-Dame pour venir examiner par ordre de son Altesse Royale , quel est veritablement la qualité du mal qui afflige cette Ville ; on leur fait preparer des logemens, & on envoye à la Barriere des voitures pour les prendre.

Le 13. M. le Marquis de Pilles & Mrs les Echevins les prient de venir à l'Hôtel de Ville, où ils ont convoqué tous les Medecins & les Maîtres Chirurgiens de la Ville ; ils y viennent, & aprés avoir longtems conferé sur les Symptomes du mal, ils arrêtent entre eux , d'aller ensemble les jours suivans visiter , tant les malades des Hôpitaux , que ceux de divers quartiers de la Ville , & de faire toutes les experiences qui seront necessaires.

Jusqu'alors ce mal n'a point encore deployé toutes ses violences , ni exercé toutes ses fureurs ; il tuë bien tous ceux qu'il attaque sans qu'il en échape presque aucun , & dans toutes les maisons où il frape , il fait bien rafle de tous , du plus petit jusqu'au plus grand ; mais il ne donne encore que sur la populace , ce qui entretient plusieurs personnes dans la fausse idée que ce n'est point veritablement la peste , & qu'il ne procede que de la seule misere & des mauvais alimens : les gens de Mer qui ont vû frequemment la peste dans le Levant, croyent y trouver des differences ; bref plusieurs personnes sont encore dans le douté , & attendent avec un empressement extrême la décision de Mrs les Medecins de Montpellier pour prendre le parti , ou de rester ou de fuir.

Le 14. Mrs les Echevins écrivent au Conseil de Marine pour remercier trés humblement Son Altesse Royale de l'attention & de la bonté qu'elle a eu de leur envoyer des Medecins.

Le 15. ils écrivent à Mr le Maréchal de Villars l'état & la misere

extrême

extrême de la Ville , y ayant une populace de prés de cent mille perfonnes fans biens , fans pain , & fans argent ; ils écrivent auffi à M. de Bernage Intendant en Languedoc, & à M. le Marquis de Caylus Commandant en Provence pour lors à Montpellier , pour les prier de vouloir leur procurer du Bled , pour les preferver de la Famine qu'ils n'ont pas moins lieu d'aprehender que la Pefte. Mr le Marquis de Caylus a la bonté de s'y employer fi puiffament qu'il leur fournit un credit confiderable pour en avoir.

Le 16. Fête de S. Roch qu'on a de tout tems folemnifé à Marfeille pour être préfervé de la pefte , M. le Marquis de Pilles & Mrs les Echevins pour éviter la communication veulent empêcher la Proceffion qu'on a coutume de faire toutes les années , où l'on porte le Bufte & les Reliques de ce Saint ; mais il faut ceder aux exclamations du Peuple qui eft prefque furieux en De-

votion , lors qu'il craint un fleau
auſſi terrible que la peſte , dont il
voit & reſſent déja les affreux éfets;
ils trouvent même à propos d'y aſſi-
ſter eux-mêmes avec tousleursHale-
bardiers & Gardes pour empêcher
que perſonne ne ſe mette à la ſuite;
& qu'il n'y ait ni foule ni confuſion.

Le lendemain 17. Août Mrs les
Medecins de Montpellier viennent à
l'Hôtel de Ville leur apprendre ce
qu'ils ont reconnu de la nature &
qualité de la maladie, & leur de-
clarent en peu de mots que c'eſt veritablement la peſte.

Mais voïant que tout le monde
eſt preſque déja ſorti de la Ville, &
que la terreur & l'épouvante qu'il
y a met tout dans un déſordre affreux , ils trouvent bon pour ne pas
l'augmenter. , que l'on diſſimule, &
que pour tâcher de calmer & d'aſ-
ſurer les eſprits , on affiche un Avis
au public portant qu'ils ont trouvé que ce ne ſont là que des fiévres
Contagieuſes cauſées par les mau-

vais Alimens , qui cesseront bien-
tôt par le secours qu'on va avoir
de tous côtés qui rameneront l'abondance de toutes choses.

Cette affiche est aussi-tôt mise ,
mais elle ne produit aucun éfet ; la
mortalité qui depuis quelques jours
a extrêmement augmenté , la mali-
gnité & violence avec laquelle ce
mal commence à fraper de tous côtés
indistinctement , & la subtilité avec
laquelle on voit qu'il se communique
a déja convaincu les plus opiniâtres
& les plus portés à vouloir se tromper, que c'est veritablement la peste ,
& sans vouloir plus rien entendre ,
chacun prend si rapidement la fuite,
que toutes les portes de la Ville ont
peine à suffire à la foule de ceux qui
sortent.

Si c'étoit là les bouches inutiles, rien
ne seroit plus convenable & plus sou-
lageant , mais les personnes les plus
necessaires , & celles même que leur
fonctions oblige le plus indispensable-
ment de rester , sont les plus prompts

à deferter; prefque tous les Intendans
de la Santé , ceux du Bureau de
l'abondance , les Confeillers de Ville , les Commiffaires de police , le
Recteur de tous les Hôpitaux & de
toutes les maifons & Oeuvres chari-
tables , les Commiffaires .même
qu'on vient , n'a que quelques jours
d'établir dans les Paroiffes & quartiers pour vaquer au foulagement
des pauvres , les Artifans de tout
métiers , & ceux qui font les plus
neceffaires à la vie , les Boulangers , les vendeurs de Vivres &
Denrées , jufques même ceux qui
doivent garder les autres , & les
empêcher de quitter , c'eft-à-dire
les Capitaines & Officiers de Ville
qui ont leur compagnie en pied ,
tout deferte , tout abandonne ,
tout fuit ; bref. M. le Marquis de
Pilles & Mrs les Echevins reftent
tous feuls chargés d'une populace
infinie prête à tout entreprendre
dans les extremités où elle fe trouve
reduite par la mifere , & par la calamité qui multiplie avec le mal.

L'aspect de la ville excite déja compassion ; tout y a l'air de désolation, tous les magazins, toutes les boutiques sont par tout generalement fermées, la plûpart même des maisons, des Eglises & des Convents, toutes les Places publiques sont desertes, & personne n'est plus par les Ruës que des pauvres gemissants ; le Port est dans un dérangement total, les galeres sont retirées du Quay, & renfermées dans une Estacade du côté de l'Arcenal où les ponts sont levés, & de hautes Barrieres posées, & tous les Vaisseaux & Bâtimens Marchands, sont hors de l'Amarre & à l'écart.

Cette superbe Marseille peu de jours avant si florissante, cette source d'abondance, & si on l'ose dire, de felicité, n'est plus que la vraye image de Jerusalem desolée : heureuse encore si elle en demeuroit là ; & si le Fleau qui a commencé de l'affliger ne la rendoit pas dans moins de 15. jours le Theatre affreux des horribles ravages que la fureur ait jamais fait dans aucune Ville du monde.

Le 18. Août une foule de populace du Quartier S. Jean, vient émarée devant la porte de l'Hôtel de Ville, criant qu'ils veulent du vin; & qu'il n'y a plus perſonne dans la Ville qui en vende : le Corps de garde ſe met en état de les répouſſer, Mr Eſtelle arrive, & peu aprés Mr Mouſtier, ils les apaiſent, promettent de leur en faire avoir, & en éfet on rend à l'inſtant une Ordonnance portant, que tout ceux qui ont du vin ayent à le mettre en vente par tout le jour, autrement leurs caves enfoncées; & leur vin vendu par les Gardes qui feront tournée dans les Quartiers.

La contagion s'eſt déja pour lors repanduë & a gagné par tout, quelques ſoins & éforts qu'on ait fait, pour couper les communications, & elle commence de s'échauffer & de faire ravage ; il faut pour pou-

voir enlever tous les morts , mettre
fur le pavé une plus grande quantité de Tomberaux , & fur tout
avoir des Corbeaux en grand nombre.

Mais voilà ce qui eft tout-à-fait
impoffible , on a prefque déja ufé
tout ce qu'il y a dans la Ville de gens
qu'on a pû facrifier à ce perilleux
métier , ils n'y durent pas feulement
deux jours de vie , ils prennent
d'abord la pefte au premier cadavre
qu'ils touchent de quelque précaution qu'on les faffe ufer , on leur
donne des crocs à manche , mais la
feule aproche des cadavres les infecte : on les paye jufqu'à 15. liv.
par jour , mais quelque puiffant
que foit cet attrait pour des gueux
& des miferables , il ne les tou-
che point du tout à la vuë d'une
mort certaine & inévitable , il faut
courir pour les chercher , & les
prendre de vive force , & foit qu'ils
fe cachent bien , ou qu'ils foient
generalement tous morts , on n'en

trouve plus aucun , & les cadavres restent cependant dans les maisons, & à la porte des Hôpitaux entassés à piles les uns sur les autres sans pouvoir en être tirés , & transportés aux Fosses.

Que faire dans cette extremité? Mrs les Echevins ont recours à Mrs du corps des Galeres , & les prient trés instamment de vouloir leur donner des Forçats pour servir de Corbeaux avec offre de passer soumission de les leur remplacer , où d'en indemniser Sa Majesté : ils ont la bonté , attendu cette absoluë necessité de leur en accorder 26. des invalides du Baigne , ausquels ils promettent la liberté pour les exciter à ce travail.

On ne peut pas disconvenir qu'on ne doive au secours de ces Forçats, c'est-à-dire de ceux qui ont été accordés dans la suite , une partie du salut de la Ville , mais il faut convenir aussi que pour des Echevins qui se trouvent accablés & abandonnés

donnés sans pouvoir se reposer d'aucun soin sur personne, se font des
fatigans fardeaux que de pareils
Corbeaux.

Ils sont dépourvûs de tout, il faut
les chauffer, & cela dans un tems
qu'on n'a ni Souliers ny pas même
feulement un Cordonnier dans la
Ville ; il faut les loger & nourrir, &
personne ne veut ni recevoir ni approcher, ni communiquer avec des
Forçats Corbeaux de pestiferés, il
faut être jour & nuit à les garder à
vûë ; ils pillent & volent dans toutes
les maisons où ils vont prendre les
morts, & ne sçachant ny atteler les
Tomberaux ni les conduire, ils les
renversent à tous momens, les bri-
fent avec les harnois & tout ce qui
en dépend, sans qu'on puisse les
faire racommoder, parce qu'outre
qu'on n'a ny Charron, ny Sellier,
ny Bridier, personne ne veut plus
toucher à des choses qui font infectées : & il faut être par-là continuellement à mandier, quêter par

la campagne des Tomberaux que
tout le monde cache soigneusement:
& demeurer susplantés dans un travail le plus pressant qui puisse jamais être, & qu'ils affectent de faire avec une lenteur & une molesse
qui fait enrager.

Dans quelle Ville du monde a-t-
on jamais vû les Consuls être livrés à telles sollicitudes, & reduits
encore à faire tous les tristes & perilleux Offices ausquels sont contraints de se sacrifier Mrs les E-
chevins de Marseille, puisqu'on va
voir bien tôt, que pour faire travailler diligemment ces Forçats,
& leur faire enlever les Cadavres
pourris & empestés qu'ils ne sçauroient avoir le cœur de toucher,
& non pas même d'approcher sans
être vivement pressés & animés; ils
sont obligés de se mettre eux-mêmes à leur tête, & d'aller les premiers par tout où l'infection est la
plus horrible les leur faire enlever:
que bien plus M. Moustier est con-

traint pendant prés de 2. mois de
se lever journellement à l'aube du
jour pour leur aller faire atteler les
Tomberaux & empêcher qu'ils ne
les brisent ; les suivre aux Fosses
pour qu'ils ne laissent pas les Cadavres sur les bords sans les ensevelir ; & le soir les aller faire de-
teler, conduire les chevaux aux é-
curies, mettre en place les harnois
pour les retrouver le lendemain ,
& prévenir les inconveniens qui
pourroient interrompre la conti-
nuité d'un travail où il y a danger dans la demeure ; les Consuls
Romains si remplis de l'amour de
leur patrie, n'ont jamais constament poussé leur zele jusques-là.

Le 19. Août on choisit dans toutes les Paroisses des personnes qu'on
charge de faire du bouillon pour
les pauvres malades, & de le leur
distribuer ; & on établit un Hôpital particulier, que des cas les plus
touchans que la calamité puisse produire, rend absolument necessaire.

E ij

Plusieurs femmes nourrices meurent de la Contagion & laissent des Enfans au lait qu'on trouve gemissans dans leur Berceaux en allant prendre les Cadavres de leur mere ; personne ne veut les recevoir, ni moins encore les nourrir ni les secourir ; il ne se trouve plus de pitié en tems de peste, la crainte de prendre cet horrible mal étouffe tous les sentimens de la charité, & ceux même de l'humanité; faut il cependant laisser perir tous ces pauvres petits Innocens qu'on trouve ainsi de tous côtés, & tant d'autres infortunés enfans de bas-âge que la peste rend Orphelins? on prend l'Hôpital S. Jacques de Galice & le Couvent des Peres de Lorette qui se trouve vuide par la mort ou par la fuite de tous ces Religieux; & là on les fait nourrir, ou avec de la soupe, ou en leur faisant traire des chevres; le nombre de ces infortunés est si grand que quoy qu'il en meure tous les jours 30. ou 40. il s'y en trouve toûjours 12. à 1300. par ceux que l'on y emporte succeſſivement chaque jour.

Le 20. une partie de ces Forçats qu'on a reçû 2. jours auparavant ſont atteints de la peſte, & hors d'état de travailler; on va en demander de nouveau à Mrs du corps des Galeres qui en accordent encore trente-trois.

Ce jour preſque tous les Mûniers & tous les Boulangers ceſſans de travailler parce que tous les garçons les ont quittés & ont pris la fuite, Ordonnance à ma requiſition pour contraindre les deſerteurs à revenir, & pour defendre à ceux qui reſtent de quitter à peine de la vie; il ne ſe trouve plus aucun maçon dans la Ville, & il faut faire divers ouvrages aux Cimetieres & aux Hôpitaux, autre pareille Ordonnance pour les contraindre à revenir, & une autre encore pour deffendre de ſortir de la Ville la

E iij

farine & le pain bis deftiné pour la fubfiftance des pauvres, à peine d'amende & de confifcation.

Le 21. Août la pefte commence d'agir avec tant d'ardeur, & le nombre des morts fe trouve tout-à coup fi multiplié, qu'on confidere qu'il eft du tout impoffible, qu'on puiffe venir à bout de les enlever avec les Tomberaux, pour les tranfporter dans les foffes ouvertes hors la Ville, parce qu'outre que les Tomberaux ne peuvent point aller au haut quartier de S. Jean ny en plufieurs autres de la vieille Ville, dont les Ruës font étroites & fcabreufes, Ruës cependant où fe trouve le plus grand nombre de Cadavres, & étant habitées par une fourmilliere de populace, il y a de là aux foffes hors les mûrs un éloignement & une diftance qui empêche qu'on puiffe parvenir à faire tout le travail qu'il faut pour tranfporter tant de Cadavres & ne point tomber dans l'inconvenient de les laiffer arrerager

& d'avoir par-là une infection generale qui empeste l'air.

Sur cette difficulté & sur plusieurs autres embarassantes, qui demandent l'avis d'un nombre de personnes judicieuses, Mr le Marquis de Pilles & Mrs les Echevins prient Mrs les Officiers Generaux des Galeres de vouloir s'assembler à l'Hôtel de Ville pour leur donner leur avis, & il est deliberé :

1°. Que par les raisons qu'on a observées & pour éviter les inconvenients qu'on apprehende qui seroient funestes , on ensevelira les cadavres tant dans les fosses ouvertes hors les murs, que dans les cavaux des Eglises des Religieux Jacobins , des Observantins , des Grands Carmes & de Lorette ; que ces Eglises étans situées dans la haute Ville où il y a le plus de morts & où les Tomberaux ne peuvent pas facilement rouler , on fera faire des brancards avec lesquels les Forçats les y porteront ; qu'il sera fait

dans chacun un amas de chaux vive & de barriques d'eau pour jetter dans les cavaux; & que quand
ils feroient remplis, on les fera
fermer en y employant du ciment
en telle forte qu'aucune infection
n'en puiffe exhaler.

2°. Qu'il fera mis un homme de
confiance avec des Gardes à Cheval à la tête des chariots & de
chaque brigade de Forçats, pour
les obliger de travailler diligemment, & les empêcher de s'amufer
à voler.

3°. Que pour éviter que les foffes & les divers cimetieres où l'on
a enfeveli de ces cadavres, n'exhalent pas de l'infection faute d'avoir
été couverts de toute la quantité de
terre & de chaux vive neceffaire;
il en fera fait une revûë exacte &
generale, pour y en faire remettre
à fuffifance.

4°. Que manquant de Commif-
faire dans plufieurs Paroiffes &
Quartiers, attendu qu'ils ont fui

& abandonné , & ne se trouvant pas des personnes pour les remplacer , on obligera chaque Couvent de donner des Religieux pour servir de Commissaires dans ces Quartiers qui en sont dépourvûs.

5°. Que pour empêcher la communication , Mr l'Evêque sera prié de faire cesser tous Offices dans les Eglises.

Et 6°. Que pour contenir & intimider la populace , on fera dresser des potences à toutes les places publiques de la Ville.

Le lendemain 21. Août Mrs les Echevins aprenant au Conseil de Marine l'augmentation de la maladie , le supplient d'agréer que toutes les affaires demeurent desormais suspendüës , pour qù'on ne pense plus entierement qu'à ce qui regarde la Santé : quand la peste s'enflâme ainsi dans une Ville chacun se regardant à peu prés comme à l'agonie de la mort , n'est plus en état de s'apliquer qu'à ce qui tend à sa conservation.

Tout manque cependant dans la Ville, jusques aux choses qui y abondent le plus ordinairement : il ne s'y trouve pas seulement de la toile pour faire des paillasses pour les Hôpitaux, quoique pour en chercher on fasse ouvrir & foüiller tous les magasins & toutes les boutiques ; le bruit de la peste a écarté tout ce qui vient journellement dans le port de toutes les parties du monde ; & on est obligé d'écrire à M. le premier Président pour le prier de vouloir bien envoyer tout ce qui s'en trouvera à Aix, & même des Souliers pour donner aux Forçats, n'y ayant aucun Cordonnier à Marseille pour en faire.

Sans le secours qu'il a la bonté de donner à Mrs les Echevins, sans l'attention qu'il a à leur besoin, & à les aider de toutes choses, ils seroient certainement dans mille étranges inconveniens: 2. ou 3. fois par jour ils prennent la liberté de luy écrire,

& c'eſt toûjours pour quelque choſe de plus fatigant, & toujours avec
une égale bonté il pourvoit à tout
juſques aux choſes qui ſont beaucoup au deſſous de ſon miniſtere ;
& comme ſi ce n'étoit point aſſés
de ſe voir occupé nuit & jour de
tant de peines & de ſoins pour le
ſalut de cette Ville infortunée , il
prend encore celuy de s'y reprodui-
re (pour ainſi dire) par le miniſtere
de Mr Rigord ſon Subdelegué, qui
agit avec tant d'ardeur , d'aplication
& de zele , qu'il voit le feu de la
peſte dans ſa propre maiſon , & pé-
rir à ſes côtés Me ſon Epouſe , ſa
famille , ſes commis & tous ſes
domeſtiques , ſans que tous ces
coups de foudre , & toutes ces horreurs l'ébranlent, ny le tire d'un moment de ſon application continuelle
à travailler au beſoin de la Ville.

Ce jour ſur l'Avis que pluſieurs
Boulangers pour couvrir leur éva-
ſion , ont remis leurs fours à leurs
garçons qui n'y ſont que par figure,

Ordonnance à ma requisition pour les contraindre de venir les reprendre, avec défenses de les quitter à peine de la vie. Autre Ordonnance pour obliger pareillement les Intendans de la Santé, ceux du Bureau de l'abondance, les Conseillers de Ville & tous autres Officiers municipaux de revenir dans 24. heures à peine de 1000. liv. d'amende, & d'être declarés incapables de toutes charges municipales.

Ce même jour, M. l'Evêque à qui M. le Marquis de Pilles avoit fait sçavoir la déliberation prise dans l'assemblée du jour precedent, lui marque par une Lettre plusieurs raisons qui s'opposent à faire ensevelir les Cadavres dans les cavaux des Eglises des Convens qu'on y a destiné.

Sur quoy M. le Marquis de Pilles ayant prié Mrs les Officiers Generaux des Galeres de vouloir se rassembler à l'Hôtel de Ville avec Mrs les Echevins & quelques autres citoyens zelés , aprés avoir bien examiné & pesé les raisons contenües dans cette lettre, avec celles qui les ont determinés de prendre le parti de faire ensevelir dans les Eglises , qui sont la necessité absoluë & indispensable qu'il y a de le faire, il est unanimement resolu que la deliberation tiendra : mais que l'éxecution en sera suspenduë pour 24. heures , pour voir si dans cette intervale la mortalité viendra à diminuer , ensorte qu'on puisse s'en passer : que cependant sans aucun retardement , on disposera avec diligence les cavaux de ces Eglises , & qu'on y fera charrier toute la chaux & l'eau necessaire.

Le 23. s'agissant d'y travailler , comme toutes ces Eglises se trouvent fermées , & que ces Religieux refusent de les ouvrir , Mr Moustier s'y porte , les fait ouvrir , & y fait charrier toute la quantité de chaux & de barriques d'eau qu'il faut : pour faire les brancards , faute de

Menuisier , il fait travailler les premiers qu'il trouve ; on tire service de tout dans les besoins pressans , quand on sçait prescrire & commander.

Ce jour bien loin que la mortalité diminuë , prés de mille personnes meurent ; & comme on voit qu'il n'y a plus à hésiter d'enterrer dans les Eglises , qu'autrement on va se trouver successivement surchargé de cadavres & qu'on ne pourra plus venir à bout de les enlever : on dispose toutes choses pour que le lendemain matin on puisse y travailler par tout dans le même tems : & Mrs du corps des Galeres ont la bonté de donner pour cela , un renfort de 20. Forçats encore.

Le lendemain 24. Août pour qu'on fasse toute diligence , & qu'on ne ralentisse pas dans un travail qui rebute par le danger & par l'horreur de la mort ; Mr Moustier y va luy-même , pressant & animant les Forçats autant par son intrepidité

& son courage , que par ses mouvemens , & lorsque les cavaux sont
remplis , & qu'on y a jetté toute la
chaux vive & l'eau necessaire , il
prend soin de les faire boucher &
d'en faire cimenter toutes les fentes
& jointures.

M. le Marquis de Pilles & les autres Echevins agissent & courent
cependant d'autre côté pour mettre à execution toutes les autres
choses qui ont été resoluës par la
Deliberation.

Ils établissent des gens les plus
de confiance qu'ils peuvent trouver , pour aller à cheval avec des
Gardes à la tête des tomberaux &
de chaque Brigade de Forçats ,
mais ils ne durent gueres à ce perilleux métier , & ils sont bien-tôt
contraints eux-mêmes de s'y mettre
à leur place.

Ils n'ont pas besoin d'aller prier
M. l'Evêque de faire cesser les Offices dans les Eglises , elles sont déja
toutes generalement fermées : il n'y a

presque plus de Messes aucune part, plus d'administration de Sacrement, plus même de sonneries de Cloches, tous les Ecclesiastiques ont pris la fuite , & une partie même des Curés.

Pour de Religieux , il ne leur est pas possible d'en trouver pour faire les fonctions de Commissaires dans les quartiers qui en sont dépourvûs ; les uns ont deserté , les autres sont déja morts , & il n'en reste pas autant qu'il en faut pour aller confesser ; il n'y a que le P. Milay Jesuite qui ne trouvant jamais trop à faire pour remplir ce S. zele & cette fervente charité dont il a toûjours été animé , vient leur offrir de se charger des fonctions de Commissaire à la Ruë de *Lescale* & à tous ses environs, Departement que persone n'a jamais osé prendre ,parce que c'est le siége le plus enflamé de la peste , & qui est même comme interdit & baricadé avec des Corps de Gardes aux avenuës ,

pour

pour que personne n'y entre ny
n'en sorte ; ils établissent ce S. Religieux qui depuis le commence-
cement de la Contagion y a toûjours confessé les pestiferés ; il y fait
des Actes de pieté qui sont plus qu'-
heroïques ; mais la peste ne l'épargne pas long tems, & ravit à la Re-
ligion ce nouvel Apôtre.

Ils vont ensuite faire la revûë des
fosses & des cimetieres, spectable
certainement horrible à voir, &
dangereux à approcher, tout ce
nombre infini de cadavres pestiferés
qu'on y jette actuellement, y étant
encore tous découverts, entassés à
milliers les uns sur les autres.

Autrefois les Gouverneurs & les
Consuls pendant tout le tems de
contagion, demeuroient enfermés
dans l'Hôtel de Ville avec de trés-
grandes précautions ; tous ceux qui
ont fait des regimes pour les Villes
affligés de la peste l'ont prescrit de
la sorte, jugeant que les Magistrats, devoient être plus soigneux

que tous autres de conserver leur vie & leur santé.

Icy cependant M. le Marquis de Pilles & Mrs les Echevins ne pensent seulement qu'à conserver la vie & la santé d'autruy, exposant & sacrifiant par tout sans ménagement la leur propre ; & ils sont tant la nuit que le jour sur le pavé , par tout où ils voyent que le danger peut éloigner les autres.

M. le Marquis de Pilles est si peu soigneux de luy-même qu'il laisse d'abord établir le principal Hôpital de peste (qui est celuy des Convalescens) à 4. pas de son Hôtel ; Mr Estelle va avec si peu de crainte pendant la nuit au transport des cadavres à la ruë de Lescale , que glissant sur le pavé il ne manqua que d'un travers de doigt, d'embrasser le cadavre d'un pestiferé qui est à terre devant lui ; M. M, Moustier se jouë tellement des perils qui font fremir , qu'un emplâtre fumant du pûs du boubon d'un pestiferé jetré d'une fenêtre , lui tombe sur le visage & se collant à sa joüe , il le détache de sang froid, & ne fait que se sechér avec son éponge à vinaigre , sans que cela le fasse reculer d'un pas , & l'empêche de passer outre aux expeditions aprés lesquelles il est : & c'est ainsi à peu prés des autres.

Le 25. Août le feu de la peste est par tout les 4. coins de la Ville , & y devient dans sa pleine fureur ; & depuis alors jusqu'à la fin de Septembre elle continuë toûjours de même agissant tout comme la foudre , donnant par tout , entraînant tout, renversant tout , & tuant chaque jour plus de mille personnes ; sa violence n'attaque qu'en foule , & sa fureur porte mille morts à la fois.

Voila par consequent les Hôpitaux de peste qu'on a fait , insuffisans à recevoir tous les pauvres malades ; on délibere d'en faire un nouveau qui soit capable de tout contenir & n'y ayant ni hors ni dans la Ville aucun édifice affés grand ni affés vaste pour cela , on resoud de le faire (ainsi que l'avoient conseillé Mrs les Medecins de Montpellier) dans les allées du grand Jeu de Mail , qui est hors la porte des faineants , attenant au Couvent des Augustins Reformés , avec des charpentes qu'on couvrira de grosses Toiles cotonimes : nouvel embarras pour Mrs les E-chevins , d'avoir à fabriquer un pareil Hôpital , sans pouvoir compter sur l'aide ni sur le secours de personne ; & sans même avoir aucun ouvrier ; car tous generalement ont pris la fuite.

Le 26. la Chambre des Vacations aprenant que presque tous les Boulangers de Marseille ont deserté ; & voulant prevenir l'extremité où cette pauvre Ville sera reduite, si dans une conjoncture de tems on n'y fait plus les cuites de pain necessaires , elle rend un Arrêt, portant injonction à tous les Boulangers & Mitrons qui ont quitté de revenir à peine de la vie, & aux Consuls des lieux où ils peuvent s'être refugiés de les denoncer à peine d'amende & autre punition.

Toutes les Boutiques des Regratiers & Revendeurs se trouvant fermées, & le peuple ne trouvant plus à acheter les choses necessaires à la vie; Ordonnance à ma requisition pour les obliger à les cuvrir dans 24. heures autrement enfoncées.

Le 27. la même Chambre des Vacations touchée de l'état de Marseille, & de ce que le peuple y souffre, rend un Arrêt, portant injonction à tous les Ouvriers, Marchands & Magaziniers d'ouvrir leurs Boutiques & Magazins dans les 24. heures, à peine de la vie.

Ce jour Mr le Marquis de Pilles, qui depuis le commencement de la contagion a toûjours été continuellement à l'Hôtel de Ville, & par

tout où son zele le porte, c'est-à-
dire où il se trouve le plus de danger & de difficulté sans menager sa
vie en rien; cede enfin aux acca-
blantes fatigues qu'il s'est données, & tombe malade hors d'é-
tat de sortir de son Hôtel; la crainte de perdre un Gouverneur Viguier
dont le nom, le merite & la personne est en veneration à Marseille, met en allarme generalement
tout le monde.

Le 28. la Peste redouble toûjours
ses plus cruels ravages, & toute la
Ville n'est qu'un vaste Cimetiere,
qui n'offre à la vûë que le triste
spectacle de corps morts entassés à
monceaux les uns sur les autres.

Dans ce triste & déplorable état,
mille choses sont à faire, mille besoins à pourvoir, & l'on ne peut tirer secours de personne; les Gens
du Terroir sont sourds à tout ce
qu'on leur demande, on ne peut
par nul ordre les réduire à venir seulement apporter de la paille

pour remplir les paillaſſes des Hôpitaux, & du foin pour les chevaux des Tomberaux : Mrs les E-
chevins qui voyent qu'ils ne pourront venir à bout de rien que par
la force, ſupplient M. le premier
Préſident de leur procurer le ſecours de quelques cent hommes de
Troupes reglées.

Ils vont enſuite à Mrs du Corps
des Gàleres leur remontrer qu'il
s'agit du ſalut commun, que tous
les Forçats qu'ils leur ont déja accordé, ſont preſque morts, & que
le nombre des Cadavres dont toute
la Ville ſe trouve remplie étant
exceſſif, ils ne ſçauroient être enle-
vés, s'ils n'ont la bonté de leur en
accorder un nombre ſuffiſant à pouvoir faire un coup de main.

M le Commandeur de Rancé, Lieutenant General, Commandant les Galeres, M. de Vaucreſſon Intendant; &
tous Mrs les Officiers Generaux, ſont
touchés de ce triſte état où ils voyent
Marſeille, ils en compoſent une trop

Noble & trop éminente partie, pour n'être pas sensible de la voir tout à fait perir, ils ont montré en toutes occasions leurs bonnes intentions, & en celle cy il n'en est aucun qui pour s'aider à la sauver n'eût sacrifié sa propre vie. Mais n'ayant point encore reçû des ordres pour cela du Conseil de Marine, ils font difficulté de donner une aussi grande quantité de Forçats qu'il faudroit, & n'en veulent accorder que 80. & c'est encore avec protestation que ce font les derniers, & qu'ils n'en donneront pas davantage.

Cette protestation met fort en peine Mrs les Echevins, & les oblige à s'évertuer plus que jamais pour tirer de ces Forçats le plus de service qu'il sera possible. Mr Moustier ne se contente pas de continuer le penible soin de leur logement & de leur subsistance, & d'aller le matin les mettre au travail & leur faire atteler les Tomberaux, mais il se

met

met à la tête de la plus grosse Brigade; les mene aux endroits les plus inabordables où sont les plus gros monceaux de ces cadavres pourris, & les anime à les enlever ou entiers, ou à piece.

On écrit cependant au Conseil de Marine, pour supplier tres-humblement Son Altesse Royale de vouloir mander des ordres pour en faire donner tout autant qu'il faudra : & en même tems comme la Ville manque de tout , qu'il n'y a pas de la Viande pour faire du boüillon aux malades, & que la faim tuë ceux que la peste pourroit épargner, de vouloir ordonner aux Provinces voisines d'y envoyer du secours pour la subsistance du Peuple.

Le 29. Août plusieurs Ordonnances sont renduës à ma requisition.

1. Tous les Balayeurs des ruës ont déserté depuis le commence-

ment de la Contagion , crainte
qu'on ne les fasse servir de Corbeaux , toute la Ville depuis 2.
mois est remplie de fumier & des
ordures empestées qui y croupis-
sent : Ordonnance pour les obliger
de revenir à peine de la vie.

2. De toutes les maisons on jette
dans les ruës les matelats, les paillasses , les couvertures , hardes &
haillons qui ont servi aux pestiferés , le passage en est bouché par
tout : Ordonnance pour le deffendre , & obliger de traîner le tout
sur les places publiques , & de l'y
brûler sur le champ à peine de prison.

3 Faute de Portefaix & croche-
teurs , on ne peut pas seulement
faire charrier dans les magazins le
bled que les bâteaux apportent de
la Barriere de Lestaque , ils sont
tous au service des particuliers refugiés dans le Terroir. Ordonnance pour les obliger de quitter , &
venir exercer leur metier dans la

Ville à peine de la vie, & défense aux particuliers qu'ils servent de les retenir, à peine de 3000. liv. d'amande & de prison.

4. Faute d'Asniers, les Boulangers ne peuvent pas faire transporter le bois que la Ville leur fournit & tous les particuliers sont dans le même inconvenient ; Ordonnance pour contraindre ces asniers de revenir avec leurs bêtes, à peine de la vie.

Le même jour la Chambre des Vacations instruite, que les Intendans de la Santé, & les Commissaires établis dans les Paroisses & quartiers qui ont deserté, n'obéissent aux Ordonnances de Mrs les Echevins & ne reviennent pas : Arrêt qui leur enjoint de se rendre incessament à leurs fonctions à peine de la vie.

Tous ces Arrêts & toutes ces Ordonnances ne manquent pas d'être bien publiées à son de Trompe, & d'être affichés tant à tous les carrefours & Places de la Ville que dans tous les quartiers du terroir, mais tout cela n'opere du tout rien, la peur de la peste est si forte & si terrible, que le canon même ne seroit pas capable de la vaincre. Aussi est-il presque impossible que le cœur tienne ferme à toutes les horreurs, à tous les affreux spectacles qui se presentent aux yeux dans cette infortunée Ville, & aux épouvantables effets du fleau furieux, qui semble menacer de ne pas assouvir sa fureur, par la seule mort, & par l'extinction generale de tous ses Habitans, mais par sa destruction & sa ruine totale, en rendant toute sa vaste enceinte, un lieu imbibé de pourriture & de venin, qui soit pour toûjours inhabitable au reste des hommes.

De quel côté que l'on jette les yeux, on voit les ruës toutes jonchées des deux côtés de cadavres qui s'entretouchent, & qui étant presque tous pourris, sont hideux & effroyables à voir.

Comme le nombre des Forçats qu'on a pour les prendre dans les maisons est de beaucoup insuffisant, pour pouvoir dans tous les quartiers les en retirer tous journellement, ils y restent souvent des semaines entieres ; & ils y resteroient encore plus long tems, si la puanteur qu'ils repandent, & qui empeste les voisins, ne les determinoit pour leur propre conservation & pour éloigner d'auprés d'eux cette peste ; de faire un effort sur eux-mêmes, & d'aller les tirer des apartemens où ils sont ; pour les traîner sur le pavé ; ils vont les prendre avec des crocs, & les tirent de loin avec des cordes jusques à la Ruë, ils le font pendant la nuit, pour être libres de les traîner le plus loin qu'ils peuvent de leurs maisons, & de les laisser étendus devant celle d'un autre, qui fremit le lendemain matin, d'y trouver cet hideux objet qui l'infecte, & lui porte l'horreur & la mort.

G iiij

On voit tout le Cours, toutes les Places publiques, tout le Quay du Port, traversées de ces cadavres qui y sont à monceaux entassez les uns sur les autres : la place de la Loge, & les palissades du port, n'en sont pas moins jonchées, par le nombre continuel qu'on y en debarque des Vaisseaux & des Bâtimens, qui sont tous remplis de ces familles effrayées que la peur y a fait refugier, dans la fausse croyance, que le feu de la peste n'iroit pas les atteindre au milieu de l'eau.

Sous chaque arbre du Cours, des places publiques, sous l'auvent de chaque Boutique des ruës & du port; on y voit entre ces cadavres un nombre prodigieux de pauvres malades, & même de familles entieres, étendus miserablement sur un peu de paille, ou sur de mauvais matelats; les uns sont dans une langueur qui n'attend plus qu'une mort secourable, les autres ont l'esprit troublé par l'ardeur du venin qui les

consume & les devore, implo-
rans le secours des passans, tantôt
par des plaintes touchantes, tantôt
par des gemissemens que les dou-
leurs ou la frenesie leur font pous-
ser. Il exhale d'entre eux une puanteur qui est insuportable; & comme si le mal dont ils sont atteints,
n'étoit pas assés terrible & assés
cruel; ils souffrent encore toutes
les rigueurs de la disette & de la
misere publique, qui semble être
de concert avec la peste, pour faire
souffrir tout à la fois, plusieurs
morts à ces malheureux, qui pe-
rissent miserablement sous les lam-
baux dont ils sont couverts, & aug-
mentent à chaque moment le nombre des morts qui les environnent.
Le cœur se fend d'y voir tant de
pauvres & malheureuses meres, qui
ont à leur côté les cadavres de leurs
enfans qu'elles ont vû expirer sous
leurs yeux sans pouvoir leur donner aucun secours; & tant de pauvres petits enfans qui sont encore

G iiij

attachés aux mamelles de leur meres qui ont aussi expiré en les tenant serré entre leurs bras , suc-
çant sur ses cadavres le reste du
venin qui va bien-tôt leur faire a-
voir un sort égal.

Si quelque espace se trouve encore dans les places & dans les ruës,
il est rempli de hardes & de meubles pestiferés que l'on jette de par
tout les Fenêtres des maisons, lesquels n'y laissant aucun vuide, font
qu'on ne trouve pas seulement à
mettre les pieds pour pouvoir passer.

Tous les chiens & les chats que
l'on tue, sont par surcroît entre-
mêlés par tout, avec les cadavres,
les malades & les hardes pestiferés,
& ces charognes sont horribles dans
l'enflure extraordinaire que leur
cause la pourriture, tout le port est
rempli de celles des environs qui
y sont jettées, & semblent n'y sur-
nager que pour mieux joindre leur
puanteur à l'infection generale qui

est dans toute la Ville qui saisit le cœur, l'esprit & les sens.

Si l'on rencontre quelques per-sonnes sur le pavé, ce sont des personnes livides & languissantes, dont l'ame a presque deja aban-donné une partie du corps, ou que la violence du mal a mis dans le délire, qui errant sans sçavoir ou tant qu'elles peuvent se soûtenir, tombent bien-tôt accablées de foi-blesse; & ne pouvant plus se rele-ver, expirent au lieu même de leur chûte, où elles restent dans les at-titudes si etranges & si contorsion-nées, qu'elles font connoître l'ar-deur du venin qui a frappé leur cœur. Il en est même d'agitées par de si violens transports, qu'elles s'égorgent elles-mêmes, se precipi-tent dans la mer, ou se jettent des fenêtres de leurs maisons pour met-tre fin à leurs maux & à leurs peines, & prevenir la mort qui ne peut tarder long-tems.

On n'entend de tous côtés que

cris, que pleurs, que plaintes, que sanglots, que gemiſſemens, que déſolation, qu'effroy, que deſeſpoir : pour concevoir toutes ces horreurs, il faut ſe repreſenter tous les maux & toutes les miſeres humaines, & l'on ne peut s'expoſer à les voir de prés, ſans ſe livrer ou à la mort, ou à des effrois & à des inquietudes les plus terribles.

Le 30. Août ces monceaux de cadavres qu'il y a par toute la Ville, ont encore groſſi de beaucoup par les nouveaux, une ſeule nuit y en ajoûte toûjours plus de mille, & voilà cependant qu'on eſt tout-à-fait ſans Forçats ; ils ſe trouvent tous morts, ou attaqués de la maladie, ſans qu'on puiſſe plus en demander de nouveaux, aprés la proteſtation que Mrs des Galeres ont faite, qu'ils n'en donneroient pas davantage.

Que faire dans une ſituation ſi déſolante ; Mrs les Echevins s'adreſſent à leur recours ordinaire,

Mr le premier Préfident, & en le priant de dépêcher pour eux un Courrier à la Cour pour obtenir la grace de fon Alteffe Royale, qu'elle envoye des Ordres pour qu'on leur en donne tout autant qu'ils en auront befoin : ils le fuplient de vouloir en même tems écrire à Mr le Commandeur de Rancé & à Mr de Vaucreffon pour les porter à leur en accorder cependant encore au moins une centaine.

Le 31. Août, il n'eft pas poffible que les Hopitaux de pefte foient affés grands pour recevoir le nombre prefque infini des malades qui s'y prefentent en foule, fi-tôt que dans une maifon une perfonne fe fent frapée de ce mal, elle devient à l'inftant un objet d'horreur & d'effroi à ceux mêmes qui lui font les plus proches, la nature oublie d'abord toutes les obligations ordinaires, & les loix de la chair & du fang moins fortes que la crainte d'une mort certaine, plient honteusement & sans la moindre resistance.

Comme le mal qui a attaqué celui-là , menace de les attaquer eux-mêmes , que la Contagion suit & se communique avec une extrême precipitation , que le danger est presque égal en celui que l'on voit souffrir , & en ceux qui sont à ses approches , & qu'on ne peut avoir en le secourant que la consolation de se suivre de quelque jours ; ils prennent d'abord le barbare parti, ou de les jetter hors de la maison, ou d'en fuir , & d'en deserter eux mêmes , & de l'y abandonner tout seul sans aide ni secours , livré à la faim , à la soif , & à tout ce qui peut rendre la mort plus dure & plus cruelle.

Les Femmes en usent ainsi avec leurs Maris , les Maris envers leurs Femmes : les enfans envers leurs Peres & Meres , & ceux-là envers leurs enfans ; vaine précaution que l'amour de la vie & l'horreur de la mort leur inspire ; ils ont déja reçû lors qu'ils s'y determinent, les impreſſions ſubtiles du funeſte venin dont ils veulent ſe garantir , ils en ſentent bien-tôt & l'ardeur & la force ; une mort prompte eſt la punition de leur cruelle lâcheté ; on a pour eux la même dureté , & on les met à leur tour à la ruë, ou on les laiſſe ſeuls dans leurs maiſons à perir ſans aucun ſecours.

C'eſt de là que l'on voit ce nombre infini de Malades , de tout ſexe, de tout âge , de tout état & conditions , qui ſe trouvent couchés & étendus dans les Ruës & dans les Places publiques : ſi tous ne ſont pas jettés cruellement hors leur propre Maiſon par leurs parens où par leurs amis ; ils previennent eux-mêmes leur cruauté , pour ne demeurer pas expoſés à y être abandonnés par leur fuite , & vont ſe preſenter aux Hôpitaux , où ne pouvant point être reçûs , ny mêmé aborder de bien loin , par la multitude de ceux qui les ont devancé , & qui les ayant déja trouvé entierement remplis, se sont couchés sur le pavé & en occupent toutes les avenuës ; ils sont contraints d'aller chercher place plus loin parmi les cadavres pourris , dont la vûë & la puanteur sert à leur procurer la mort qui est la seule fin de cette maladie.

A des extrêmités si touchantes Mrs les Echevins redoublent leurs mouvemens pour avancer le travail du nouvel Hôpital qu'ils font faire dans les Allées du grand Jeu de Mail , & cependant ils font dresser des grandes Tentes , sur cette Esplanade hors la Ville , qui est entre la porte des Faineans & le Monastere des Capucines , sous lesquelles ils font mettre tout autant de Paillasses qu'il peut y en demeurer ; & à peine sont-elles dressées , & les Paillasses jettées en place , qu'elles font remplies de tant de pauvres

pestiferés , qu'ils s'y mettent plusieurs sur une seule , il en faudroit
un trop grand nombre , pour en
avoir pour tous , & l'on a le malheur de manquer de tout & de ne
pouvoir trouver ni de la toile , ni
de la paille pour en faire.

Le premier Septembre M. le premier Président ayant eu la bonté d'é-
crire à M. le Commandeur de Rancé , & à M. de Vaucresson , pour
les prier de vouloir bien encore accorder cent Forçats à Mrs les Echevins , ils les leur envoyent aussi-tôt:
& il n'a ..... jamais fait un plus
fort usag..... ar M. Moustier émeu
par l'extrêmité où se trouvent les
choses , se met d'abord à la tête de
ces nouveaux Forçats avec onze
Chariots , leur fait enlever tant
qu'ils durent , plus de 1200. Cadavres par jour.

Le deuxiéme pour que ce travail
se fasse avec moins de difficulté ,
comme les Cadavres qui sont enfermés dans les maisons , sont ce qui

fait perdre le plus de tems aux Forçats pour les y aller prendre, que même se trouvant presque tout pourris par le long-temps qu'on les y a laissé, ils ne peuvent les tirer qu'à pieces ; & pour empêcher d'ailleurs les pilleries que ces Forçats font dans les maisons, où n'y ayant personne ils pillent tout ce qu'ils trouvent, Ordonannce à ma requisition, pour qu'aussi-tot qu'il y aura un mort dans une maison, ceux qui y seront, soient tenus de les descendre à la Ruë en usant ▪▪▪▪▪ les précautions requises ▪▪▪▪▪ faires.

Ce même jour, Arret de la Chambre des Vacations, portant injonction aux Recteurs de l'Hôtel de Dieu, de la Charité, des Enfans abandonnés, des maisons des Repenties & du Refuge, aux Capitaines de Ville, aux Medecins nommez pour les Hôpitaux, & à toute sorte d'Intendans, & Officiers Municipaux, de se rendre à Marseille à leur devoir, autrement declarés incapables

incapables de charges publiques, &
condamnez à mille livres d'amende.

Le 3. Septembre Mrs les Echevins
se trouvent à l'Hôtel de Ville presque tous seuls, avec le Sr Capus
Archivaire,) le Sieur son Fils ainé
qu'on ne peut pas méconnoître à
ses Merites & à ses Vertus, & qui
depuis le commencement de la Contagion l'aide à soûtenir le redouble-
ment d'affaire qu'il y a à ses Bureaux) le Sr Boüis Caissier, & moi;
sans y avoir plus ny Gardes, ny
Domestiques, ny aucune personne
de commandement. On peut assez
juger des furieux ravages que la
Peste a déja fait dans cette grande
Ville, par ceux qu'elle a fait dans
ce seul Hôtel, puis qu'il y est peri
plus de 500. personnes ; sçavoir,
30. Gardes à qui on a donné la Ban-
doliere, tous les Gardes de la Police, tous les Capitaines de Ville
à l'exception d'un seul, tous les
Lieutenans excepté deux, presque
tous les Capitaines, Lieutenans &

H

Gardes des cinq Brigades du Privilege du Vin, tous les Sergens de Guet ou de Patroüille, 350. hommes des Compagnies de la Garde ; & tous les Valets de Ville destinés à servir les Magistrats, qui se voyent ainsi seuls & denués de tout.

Les hommes ne sont déja plus que des ombres, ceux qu'on voit aujourd hui bien sains, on les voit le lendemain passer sur des Tomberaux : & ce qui est le plus étrange, ceux qui sont les plus enfermés dans leurs maisons, & les plus attentifs à n'y rien recevoir qu'avec les précautions les plus exactes, la peste les y va attaquer & s'y glisse on ne sçait comment.

Le 4. rien n'est plus déplorable, que de voir ce nombre infini de malades & de moribonds dont toute la Ville se trouve remplie, autant privés de secours Spirituels que des Temporels, & réduits au triste & malheureux sort, de mourir presque tous sans confession.

Il ne manquoit pas à la verité de Ministres du Seigneur , tant du Clergé Seculier que Regulier, qui s'étoient dévoués à sacrifier leur vie pour le salut des ames & à assister & confesser les pestiferez ; il ne manquoit pas même de sa nts Heros, car il faut appeller de ce nom tous les Capucins & Jesu tes , des deux maisons , de S. Jeaume & de sainte Croix , & même to is es Observantius , tous les Recollez & quelques autres , qui avec un cou- rage plus qu'heroïque , une ardeur , une charité , & un zèl infatigab e, couroient par t ut & se recipi oient même pour al er dans les m isons les plus aband nnées , & les. plus empestées, dans les Ruës & les Pla ces les plus traversées de cadavres pourris , & dans les Hôpitaux les plus fumans de la contagion , con- fesser les pestiferez , les assister à la mort , & recueillir leurs soupirs contagieux & empoisonnés , tout comme si c'étoit de la Rosée.

H ij

Mais ces sacrez Ouvriers qu'on peut bien regarder comme des vrais Martyrs (puisque ceux qui dans Alexandrie sôus l'Episcopat de S. Denis, eurent la charité d'assister les pestiferez, furent honorés de la gloire du Martyre) la mort les à presque déja tous enlevez, lorsque dans une si grande mortalité leur secours est le plus necessaire, 42. Capucins ont déja péri, 21. Jesuites, 32. Observantins, & 29. Recolets ; de plus 10. Carmes-Déchaussés, 22 Augustins Reformez, & tous ceux des Grands-Carmes, dés Grands Trinitaires, des Trinitaires Reformez, des Religieux de Lorette, de la Mercy, des Dominiquains & des grands Augustins qui avoient restés dans leur Couvent, outre plusieurs Prêtres Seculiers & la pluspart des Vicaires des Chapitrés & des Paroisses.

Dans une si grande extrêmité, M. l'Evêque reclame ceux, qui par leur caractere particulier & par le

Titre de leur Benefice , sont dans
l'obligation indispensable de confesser & administrer les Remedes spirituels aux mourans , & qui frappés
d'une honteuse terreur ont lâche-
ment cherché leur salut dans la fuite,
sans se mettre en peine du salut
d'autruy.

Quand leur propre devoir n'eut
pas été capable d'allumer dans leur
cœur ce feu de charité dont ils doivent brûler, le S. exemple de ce S. Prelat devoit constament l'exciter ; en
vain dés le commencement de la
contagion on le presse de sortir de la
Ville pour tâcher de se conserver
au reste de son Diocese ; il rejette
tous ces conseils , & n'écoute que
ceux que luy inspire l'amour que le
souverain Pasteur luy a donné pour
son troupeau ; il reste avec une fermeté inébranlable, resolu de donner
sa vie pour le salut de ses brebis ,
dés que Dieu voudra la lui ôter.

Il ne se borne pas à rester aux
pieds des Autels prosterné , & à

lever les mains au Ciel pour demander à Dieu la grace de vouloir
apaiser sa colere, sa charité est ac-
tive, il est tous les jours sur le
pavé dans tous les Quartiers de la
Ville, & va par tout visiter les Malades dans les plus hauts & les plus
sombres Apartemens des Maisons,
dans les ruës à travers les cadavres,
sur les places publiques, sur le
Port, sur le Cours; les plus misera-
bles, les plus abandonnez, les plus
hideux, sont ceux ausquels il va
avec le plus d'empressement; &
sans craindre ces soufflets mortels
qui portent le Poison dans le cœur,
il les approche, les confesse, les
exhorte à la patience, les dispose
à la mort, verse dans leurs ames
des consolations celestes, en leur re-
presentant le bonheur de la souf-
france & de la pauvreté: & laisse
à tous des fruits abondans de sa
genereuse charité, repandant de
l'argent par tout, & sur tout en
secret sur des pauvres Familles de

fesperées , qu'une sainte curiosité lui fait rechercher pour les soula-ger , plus de 25 mille Ecus ont déja coulé de ses mains , & il cherche encore à tout engager pour en pou-voir répandre davantage : mais il ne faut pas relever ce que son hu-milité prend soin de cacher , il faut le laisser sous les voiles qu'elle luy fait tirer pour le couvrir.

La mort a respecté ce nouveau Charles Borromée , elle l'a toûjours environné , & fauché presque jus-ques sous ses pieds ; la peste gagne son Palais , la plûpart de ses Of-ficiers & Domestiques en sont fra-pés , il est contraint d'aller prendre retraite en l'Hôtel que Mr le Pre-mier president a à Marseille , la pes-te l'y poursuit encore , & n'at-taque pas seulement le reste de ses Domestiques , mais deux personnes qui lui sont trés-cheres par leur merite distingué , & qui sont ses aides dans ses saintes peines , le Pere de la Fare Jesuite , & le

Sieur Bourgerel Chanoine de la Major : s'il a la consolation de voir réchaper le premier, il a la douleur de voir expirer l'autre, tout cela cependant ne l'ébranle pas ny ne supplante d'un moment aucunes des fonctions de sa Charité fervente : il court toûjours par tout visiter les pestiferez.

Mais la peste moissonne trop rapidement, pour qu'avec le debris des Confesseurs qui restent, il puisse pourvoir & suffire à tout : il faut un plus grand nombre d'ouvriers ; & les Chanoines de la Collegiale S. Martin, & quelques-uns de celle des Accoules, les Benefices, desquels sont Curiaux, & qui ont fui, sont ceux qu'il reclame, pour venir confesser chacun dans le district de leurs Paroisses.

Mrs les Echevins qui voyent tous ces Curez sourds à la voix de leur Evêque, & insensibles à la perte de l'ame de leurs paroissiens, donnent requeste à ce Prelat pour ordonner

donner qu'injonction leur soit
faite de venir incessament à leur
devoir, autrement leurs Benefices
declarez vacans, & pourvû à la
nomination d'autres sujets capables
pour les remplir.

Le 5. Septembre les prud'hommes de Pêcheurs, pouvant être de
quelque utilité, & trois ayant pris
la fuite; Ordonnance à ma requisition pour les obliger de revenir
à peine de 3000. liv. d'amande, &
d'être declarez incapables de leurs
charges.

Ce jour Mrs les Echevins conster-
nez de l'excés de la mortalité, & de
l'horrible état où se trouve la Ville,
soûpirans aprés les dépêches qu'ils
ont faites à la Cour pour avoir
les secours qui leur sont necessaires, écrivent à M. le Marechal de
Villars pour le supplier trés-instament de vouloir bien les appuyer :
Cet illustre Gouverneur, qui entre toutes les Villes de son Gou-
vernement de Provence a toûjours

I

honoré Marseille d'une affection particuliere , est si touché d'aprendre qu'elle est dans une désolation si extrême , qu'il mande qu'il est résolu de venir pour la secourir , si son Altesse Royale veut bien l'agréer.

Le 6. Mrs les Echevins se voyent dans les plus affreuses de toutes les extremités ; les derniers Forçats que Mrs des Galeres leur ont accordé à la priere de Mr le premier President se trouvent déja ou morts, ou tous attaqués de la maladie, & quelques efforts extraordinaires que M. Moustier ait fait tous les jours précedens pour enlever les cadavres plus qu'il n'est possible ; il en reste pourtant encore sur le pavé des Ruës plus de 2000. sans compter ceux qui sont par tout dans les maisons ; ils voyent donc que s'ils en restent là sans avoir de nouveaux Forçats, & que Mrs des Galeres ne se relâchent pas de leur en donner encore, du train que

la mortalité continuë d'aller, il y
aura dans moins de huit jours plus
de quinze mille cadavres sur le pavé tous pourris, par où on sera
tout à fait contraint de sortir de
la Ville, & de l'abandonner peu-
être pour toujours à la pourriture,
au venin & à l'infection qui y crou-
pira.

Sur cela ils s'assemblent avec
le peu de Citoyens qui se trouvent encore, du nombre desquels
sont deux Intendans de la Santé qui n'ont jamais lâché le pied,
le Sieur Rose l'aîné, & le Sieur
Rolland ; on propose divers expe-
diens, les uns veulent que pour
se défaire de ces cadavres & de
tous ceux qu'il y aura journellement
on ouvre un grand fossé tout le long
de chaque Ruë, pour les y jetter
tous dedans ; mais deux choses s'y
opposent, l'une qu'on ne sçauroit
ouvrir ces fossez dans les Ruës sans
couper en même tems tous les con-
duits des fontaines qui y passent ;

I ij

& l'autre qu'il faudroit avoir plus de dix mille hommes pour pouvoir ouvrir promptement tant de fossez dans une si vaste Ville, tandis qu'on n'a qui que ce soit en état de rien faire : outre que personne ne voudroit jamais fossoyer dans des Ruës, étant actuellement pavées de ces cadavres pestiferez, crainte de s'infecter en les touchant : les autres veulent qu'on laisse tous les Cadavres où ils sont, dans les Ruës, dans les places publiques & dans les Maisons, que là les couvrant avec de la chaux vive, on les laisse consumer sur les lieux : & que tout le long de chaque Ruë on fasse charrier telle quantité de chaux, qu'on puisse ainsi y faire consumer tous ceux qu'il pourra y avoir dans la suite : mais plusieurs choses s'opposent aussi à cela ; où pouvoir prendre tant de chaux pour consumer tant de Cadavres ? où avoir des gens en état pour en faire le charoy ? & qui pourroit d'ailleurs tenir dans la Ville à l'horrible infection que ces cadavres exhaleroient en se consumant.

Le party que Mrs les Echevins jugent le meilleur à prendre, est sans rien resoudre, de prier ces Citoyens assemblés de vouloir les accompagner, & d'aller en Chaperon & en Corps en l'Hôtel de Mr le Commandeur de Rancé, le prier trés-instament de leur accorder tous les secours dont ils ont besoin pour le salut de la Ville.

M. le Commandeur de Rancé convoque à l'instant M. de Vaucresson Intendant des Galeres, & tous Mrs les Officiers Generaux : ils sont tous à la verité autant touchés du zele de ces Magistrats, & des conditions onereuses, sous lesquelles ils leur demandent ces secours, que de la grande extremité de la Ville ; aussi leur accordent-ils tout ce qu'ils demandent sous de telles conditions ; & comme ils sont bien aise qu'il en conste écrit ; je dresse sur le Lieu l'Acte qui suit, pour être couché dans les Registres de l'Hôtel de Ville, & leur en être expedié Extrait.

Ces jours Mrs les Echevins Protecteurs & Deffenseurs des Privileges, Libertés & Immunités de cette Ville de Marseille, Conseillers du Roy, Lieutenans Generaux de Police : étant assemblés en l'Hôtel de Ville, avec quelques Officiers Municipaux, le Conseil Orateur de la Ville, Procureur du Roy de la Police & autres Notables Citoïens, aïant consideré que quoique le Secours de 260. Forçats que Mrs du Corps des Galeres ont eu la bonté de leur accorder en differentes fois, pour ensevelir les cadavres depuis que la Ville est affligée du mal contagieux, les ait extrémement aidé jusqu'à present : il est pourtant insuffisant pour la quantité de plus de 2. mille cadavres qui restent actuellement dans les Ruës depuis plusieurs jours & qui causent une infection generale : il a été deliberé pour le salut de la Ville de demander un plus grand

secours : & à l'instant Mrs les Echevins étant sortis en Chaperons accompagnés de tous les susdits Officiers
Municipaux , & Notables Citoyens,
ont été en Corps en l'Hôtel de Mr
le Chevalier de Rancé Lieutenant
Général Commandant les Galeres de S.
M. & lui ont representé que la Ville
lui a des obligations infinies des services signalés qu'il a eu la bonté de
leur rendre dans cette calamité; mais
n'est pas possible de la sauver, s'il ne leur
fait la grace de leur accorder encore cent Forçats , avec 4. Officiers
de Siflets (presque tous ceux qui ont
été précedamment accordés , étant morts
ou malades) qu'ils s'en serviront si
utilement , que pour les faire travailler avec plus d'exactitude à la levée
de tous ces cadavres , il s'exposeront
eux-mêmes comme ils ont déja fait,
à se mettre à cheval en Chaperon à la
tête des Tomberaux , & aller avec
eux par toute la Ville ; que de plus
comme il importe que leur Autorité
soit soûtenuë de la force , dans un

tems où il ne reste dans la Ville qu'une nombreuse Populace qu'il faut contenir, pour empêcher tout tumulte, & maintenir par tout le bon ordre; ils le prient encore trés-instament de vouloir leur donner au moins 40. bons Soldats des Galeres sous leurs Ordres, pour les suivre, & empêcher en même tems l'évasion des Forçats; qu'ils ne seront commandez que par eux: qu'ils les diviseront en 4. Escoüades, dont ils conduiront une chacun: & comme il faut qu'au moins l'un d'eux reste toujours dans l'Hôtel de Ville pour les expeditions des affaires; une desdites Escouades sera conduite & commandée par M. le Chevalier Rose, & qu'en cas d'empêchement de leur part, ils proposeront à leur Place des Commissaires nommés des plus distingués qu'ils pourront trouver, pour les conduire & commander. Sur quoi Mr le Chevalier de Rancé assemblé avec Mr l'Intendant, & Mrs les Officiers Generaux, tous sensibles à l'état triste & déplorable de cette

grande & importante Ville, & étant
bien aise d'accorder tout ce qui est necessaire pour parvenir à la sauver,
ont eu la bonté d'accorder à Mrs les
Echevins & à la Communauté, encore
cent Forçats, & 40. Soldats, y
compris 4. Caporaux, avec 4. Officiers de Siflets; & étant necessaire de
prendre ceux qui seront de bonne volon-
té, & de les attacher par la recompense
à un service perilleux: Il a été deliberé & arrêté, qu'outre la nouriture
que la Communauté fournira, tant aux
uns qu'aux autres, il sera donné par
jour à chaque Officier de Siflets dix
livres, à chaque Soldat cinquante sols:
Et aprés qu'il aura plû à Dieu de dé-
livrer la Ville de ce mal, cent livres
de gratification à une fois payer à
chacun de ceux que se trouveront en
vie. Et aux Caporaux cent sols par
jour à chacun. Et en outre une Pension
annuelle & viagere de cent livres à
ceux qui seront en vie, ayant crû ne
pouvoir assés les gratifier, pour un
service aussi important & aussi peril-

leux : ce que l'assemblée a accordé at-tendu le besoin pressant , & la ne-cessité du tems. Deliberé à Marseille le 6. Septembre 1720. Signé Estelle, Audimar , Moustier , Dieudé , Eche-vins. Pichatty de Croissainte Orateur Procureur du Roy. Et Capus Archi-vaire.

Le 7. Septembre , ces Magistrats qui considerent que la peste étant un fleau de la colere de Dieu , tous les secours des hommes, & tous les é-forts qu'ils ont resolu de faire seront vains & inutiles , s'ils n'ont recours à sa Misericorde pour tâcher de la flechir , ils déliberent de faire un vœu au Nom de la Ville , pour qu'il leur accorde la grace de la dé-livrer de cette cruelle contagion, (ainsi qu'avoient fait leurs predeces-seurs lors de la derniere peste,) & promettre à cet effet, que la Com-munauté donnera chaque année à perpetuité la somme de 2000. liv. à la Maison Charitable établie sous le Titre de la Protection de Nôtre-

Dame de Bon Secours, pour servir de retraite aux pauvres Filles
Orphelines de la Ville & du Terroir.

Le 8, ils font ces Vœux folem-
nellement entre les mains de M.
l'Evêque dans la Chapelle de l'Hôtel de Ville, où il celebre la
Messe.

Le même jour ayant eû les Forçats & les Officiers de Sifflet, qui
leur ont été accordés, ensemble les
Soldats (dont ils établissent le Corps
de Garde dans la grande Sale de
la Loge) & Mr Moustier ayant
disposé les Tomberaux, & divisé
les Forçats en divers Brigades, ils
se mettent chacun à la tête d'une
de ces Brigades en Chaperon avec
une Escoüade des Soldats, & vont
aux endroits les plus entassez de
cadavres, & où ils sont les plus
pourris, avec une ardeur, un courage & une intrepidité qui étonne
les Soldats même, & qui contraint
les Forçats de travailler de toute

leur force, sans craindre les perils qui leur voyent si fort mepriser, ils continuent ainsi tous les jours depuis le matin jusqu'au soir; & toûjours Mr le Chevalier Rose à Cheval, y tient la place de celui qui par tout successivement est obligé de rester à l'Hôtel de Ville pour expedier les affaires courantes; c'est constamment une merveille que tous n'ayent pas peri en s'exposant si terriblement à des dangers qui sont si grands, que les 40. Soldats de Galeres qui les accompagnent ont tous (excepté quatre) peri à leurs côtés.

Le 9. ils envoyent au Conseil de Marine, l'Acte contenant les conditions sous lesquelles Messieurs des Galeres leur ont accordé ces Soldats & ces Forçats; & ils l'envoyent aussi à Mr le Maréchal de Villars, & à Mr le Grand Prieur.

Le 10. Mr le premier President qui veille continuellement à tous leurs besoins, & qui sçait qu'ils

manquent de Tomberaux, & encore
plus de Chartiers pour les conduire, a la bonté de leur en envoyer d'Aix qui leur font d'un tres-
grand fecours : & Mrs des Galeres
en leur donnant encore 25. Forçats pour remplacer les Invalides qui fe trouvent parmi les cent
qu'ils leur ont accordé, ont auffi la
bonté d'y en joindre fix qui font
Bouchers de Profeffion, pour les
faire fervir dans les Boucheries de
la Ville, où tous les Bouchers é-
tant morts, ou ayant pris la fuite
ils n'y ont plus perfonne pour é-
gorger les Bœufs & les Moutons.

Le 11. comme ils n'ont prefque
point de Medecins, & moins encore
de Chirurgiens qui ont deferté ou
peri fans que leur Art ait pu les
fauver ; M. le premier Prefident
leur envoye Mrs Pons & Boutellier
Medecins de la Faculté de Montpellier & les Srs Montet & Raba-
ton Maîtres Chirurgiens trés-ha-
biles.

Le 12 Mrs les Echevins apprennent que M. le Commandeur de Langeron Chef d'Escadre des Galeres, & Maréchal des Camps & Armées du Roy, a été nommé par sa Majesté, Commandant dans Marseille & son Terroir, & qu'il en a reçû le Brevet.

Une nouvelle si satisfaisante & si salutaire fait revenir d'abord de toute la tristesse, de tout l'accablement, & de toute la consternation où ils sont, & leur inspire non seulement à eux, mais à tous les Citoyens tant sains que malades, & qu'à tout le peuple en general, autant de joye, de plaisir, & de contentement, que de confiance, de force & de courage ; on ne croit plus pouvoir perir sous un si digne Commandant, & on tient le salut de Marseille assuré sous ses auspices & sous sa conduite : l'affection qu'on lui a toujours vû pour cette Ville, celle qu'il a marqué depuis qu'elle se trouve affligée de la Contaon ayant bien voulu non seulement venir assister aux Assemblées dans l'Hôtel de Ville; mais encore extrememement contribuer à tous les secours obtenus de Mrs des Galeres, (corps dans lequel il est aussi distingué par son rang qu'il l'est par son merite & par sa valeur,) la reputation depuis si long-tems si pleine & si entiere ; son illustre Nom', sa Personne qui impose & en qui la douceur jointe à la gravité , le font craindre en le faisant aimer & respecter ; sa sagesse & sa penetration , son courage, sa fermeté , vertus par lesquelles on sçait qu'il ne manque jamais de prendre le meilleur parti dans les occasions pressantes, & qu'il execute avec rigueur tout ce qu'il a judicieusement resolu ; tout cela, dis-je, fait d'abord concevoir à tout le monde, & particulierement à Mrs les Echevins , toutes les esperances salutaires que la suite a bien-tôt verifié: ils vont

avec empreſſement en Chaperon &
en corps à ſon Hôtel , avoir l'honneur de luy rendre leurs premiers
devoirs.

Ils aprennent en même teins que
M. le Marquis de Pilles Gouverneur Viguier de qui la ſanté commence ſeulement d'être rétablie)
a auſſi receu un Brevet de Commandement dans la Ville & le Terroir , ils vont pareillement à ſon
Hôtel lui rendre les mêmes devoirs;
& l'un & l'autre ayant mandé en-
regiſtrer leurs Brevets dans les Re-
giſtres de l'Hôtel de Ville , l'on
voit que Mr le Commandeur de
Langeron en qualité de Maréchal
des Camps & Armées de Sa Majeſté , commandera en Chef.

Ce même jour , Mr le Commandeur de Langeron monte à cheval,
& vient à l'Hôtel de Ville pour y
voir la diſpoſition des choſes , & en
avoir connoiſſance , afin de prendre
là-deſſus les arrangemens & les me-
ſures neceſſaires , pour apporter à

des

des maux preſſans , des prompts
Remedes. Il eſt accompagné de M.
le Chevalier de Soiſſans Officier des
Galeres qu'il a pris à ſon aide , &
qui dés lors ſe donne avec tant d'ardeur au ſecours de la Ville , qu'il
eſt tous les jours du matin au ſoir
à cheval , courant par tout où il
faut agir , ou pourvoir & remedier
aux inconveniens qui paroiſſent les
plus inſurmontables , mépriſant le
peril & forçant les autres par ſon
exemple , à ne point mollir ny s'y
arrêter , mettant à execution les
choſes qui ſemblent les plus impoſſi-
bles, avec une activité, une prudence,
un zele ſi infatigable , que tout ſe fait
par ſes ſoins, & par ſon ſecours.

Le 13. M. le Marquis de Pilles
vient auſſi à l'Hôtel de Ville , ſa
préſence aprés la triſteſſe & l'alarme que ſa maladie avoit cauſée , fait
à chacun un plaiſir inexprimable. M.
le Commandeur de Langeron s'y rend
pareillement , il ne manque jamais
d'y venir à cheval tous les jours , le

matin & de relevée par quelque
tems qu'il faſſe, & d'y tenir Seance
preſque toujours, juſqu'à huit
heures du ſoir; c'eſt le plus ſou-
vent aprés avoir déja fait les tour-
nées aux Hôpitaux, aux Foſſes &
Cimetieres, & autres endroits dont
l'approche eſt tres-perilleuſe, qu'il
veut voir par ſes propres yeux, &
où il s'expoſe, ſans menager en rien
ſa ſanté ni ſa vie.

Le 14. Mrs les Echevins continuent toûjours d'être chacun à la
tête d'une Brigade des Forçats avec
les Tomberaux, à travailler en differens Quartiers à faire enlever &
tranſporter aux Foſſes cette prodigieuſe quantité de cadavres dont
toute la Ville eſt remplie, & plus
ils en ôtent, & plus il s'en trouve
toûjours par la continuation de la
mortalité.

Mais il y a un endroit où il ne
leur a pas été poſſible de toucher,
c'eſt à une Eſplanade appellée la
Tourrette, qui eſt du côté de la

Mer , entre les maisons & le Rampart , depuis le Fort S. Jean jusqu'à l'Eglise de la Major ; là se trouvent étendus environ mille cadavres qui s'entretouchent ; les plus ressens desquels y sont, depuis plus de 3. semaines entieres: en sorte que quand ce n'auroient point été des pestiferez , un si long séjour à un lieu où le Soleil darde pendant toute la journée auroit suffi de reste pour les empester ; tous les sens sont saisis à l'aproche d'un lieu d'où l'on sent du plus loin les vapeurs contagieuses qui en exhalent : la nature fremit & les yeux les plus assurez ne peuvent soutenir un aspect si horrible & si hydeux , ces cadavres n'ont plus aucune forme humaine , ce sont des monstres qui font horreur , & l'on diroit que tous leurs membres remuent , par le mouvement qu'y donnent les Vers qui travaillent à les detacher.

Rien n'est constamment plus pressant que d'enlever de ce lieu ces cadavres, chaque moment qu'ils restent fournir des exhalaisons qui achevent d'empester l'Air ; mais, comment faire pour les enlever & pour pouvoir les porter aux Fosses ouvertes hors la Ville qui sont à un tres-grand éloignement ; des cadavres aussi pourris ne sçauroient tenir dans les Tomberaux : les entrailles, les membres mêmes qui sont détachés en couleroient & se repandroient tous, par où l'on par semeroit la peste & le venin par toute la Ville.

M. le Chevalier Rose qui est homme expedient, & aussi industrieux qu'intrepide, va sur le lieu, & visitant le Rempart il s'aperçoit que deux anciens Bastions qui ont autrefois soûtenu, il y a deux mille ans les attaques des Armées de Jules Cæsar, lesquels sont attenant à l'Esplanade où sont ces cadavres : quoi qu'ils paroissent terrassés sont pourtant voutés en dedans, ce qu'il découvre du pied d'un de ces

Baſtions à travers l'échancrure que le tems à fait à une pierre, cela luy fait d'abord concevoir, qu'il n'y a qu'à faire ôter quelque pieds de terre qui couvrent la voute de ces Baſtions, enfoncer cette voute, & que les trouvant tout vuides en dedans juſqu'au pied qui eſt à niveau de la Mer, il n'y aura rien de ſi aiſé que d'y jetter tous ces cadavres, qu'on couvrira enſuite avec tout autant de terre & de chaux vive qu'il faudra pour empêcher qu'aucune infection n'en exhale.

Cela ainſi judicieuſement projetté, il revient à l'Hôtel de Ville, & dit à Mr le Commandeur de Langeron & à Mrs les Echevins, qu'il ſe charge d'enlever tous ces cadavres de la Tourette, leur explique ſon projet, ils le trouvent merveilleux ; mais il faut pour pouvoir l'executer un tres-grand nombre de Forçats pour que cela ſoit fait par un coup de main dans un

feul inftant ; étant bien évident
que nulle ame vivante & qui ref-
pire ne fçauroit tenir plus de quelques minutes à un endroit fi em-
pefté, dans le remuëment qui s'y
fera de ces cadavres, pour en tirer
les membres du Sol, & les jetter
dans les Baftions. Mr le Commandeur de Langeron, qui vient de
recevoir des ordres de la Cour,
pour pouvoir prendre tout autant
de Forçats des Galeres qu'il jugera
neceffaire pour le fervice de la Ville,
promet de luy en faire donner cent
pour cette expedition.

Le même jour la mortalité con-
tinua toûjours fans diminution,
& toutes les diverfes Foffes qui ont
déja été ouvertes, fe trouvant remplies, Mr le Commandeur de Langeron accompagné de M. Mouftier
Echevin & de Mr le Chevalier de
Soiffans, va parcourir tous les dé-
hors de la Ville, pour voir quel
endroit fera le plus convenable pour
y en faire ouvrir promptement des

nouvelles ; & il en fit deſigner à
côté de la porte d'Aix , de dix Toi-
ſes de long ſur quinze de large :
en même-temps s'agiſſant d'avoir
au moins cent Payſans pour y travailler , il dépêche tous ſes gardes
dans le Terroir , avec des ordres
aux Capitaines des principaux Quartiers , pour les faire venir de gré ou
de force.

Le 15. Septembre il fait une Ordonnance portant commandement
à tous les Intendans de la Santé ,
aux Conſeillers de Ville , aux Capitaines des Quartiers & aux Commiſſaires des Paroiſſes qui ont de-
ſerté de revenir dans 24. heures ſe
rendre à leurs fonctions , à peine de
déſobeiſſance.

Il en rend une autre, conjointement avec M. le Marquis de Pilles
& Mrs les Echevins , qui porte
tout ce qui doit être fait, gardé
& executé dans le Terroir , où la
Peſte fait auſſi de trés-grands ravages , & a gagné dans tous les Quartiers.

Le 16. pour ôter cet horrible
infection qui est dans le Port, par
plus de dix mille Chiens morts &
pourris, qui surnagent ; il mande
venir les Prud'hommes à l'Hôtel de
Ville, & leur ordonne de travailler
avec des Bateaux à les prendre dans
les tirasses de filets, & les traîner
si loin hors la chaine, que le courant
de l'eau ne puisse plus les y aporter.

Ce jour M. le Chevalier Rose,
qui a fait enfoncer le jour précé-
dant les voutes des deux Bastions
du Rampart de la Tourette, &
trouve qu'ils étoient effectivement
concavez jusqu'au pied comme il
avoit avancé ; ayant reçû les cent
Forçats destinez pour l'expedition
des cadavres de cet endroit, fait
si bien, qu'après leur avoir fait
mettre à chacun un mouchoir mouil-
lé de vinaigre autour de la tête,
qui leur bouche le nez, & les avoir
disposé d'une maniere à mettre tous
la main à l'œuvre dans le moment,
il leur fait dans un demie heure

enlever

enlever tous ces cadavres qui viennent tous à membres détachés, &
jetter dans les cavaux & ventres
de ces Baſtions, qu'il leur fait tout
de ſuite couvrir avec de la chaux
vive & de la terre, juſqu'à rais
du ſol de l'Eſplanade.

Le 17. Mrs les Echevins continuant toûjours avec plus d'ardeur
& de zele, d'aller chacun à la tête des Tomberaux, à la levée &
charroy des cadavres dans tous les
differens Quartiers qui s'en trouvent toûjours plus remplis entaſſez :
M. Eſtelle aprend que les Foſſes
qu'on a remplies du côté de la Major, ſe ſont dans la nuit toutes entre ouvertes & crevaſſés, il va auſ-
ſi-tôt pour qu'on les recouvre ,
prendre les Payſans qui travaillent
aux nouvelles du côté de la porte
d'Aix ; mais on n'eſt pas maître
des payſans aux aproches des lieux
peſtiferez, les Soldats des Galeres
qui l'accompagnent, ont beau les
pouſſer, ils reculent, il prend luy-

L

même une pioche & se met à travailler de toute sa force pour tâcher de les animer, ce n'est pas eux que son exemple pique, c'est les Soldats, ils mettent tous à l'instant leurs Armes à terre, lui viennent ôter la pioche des mains, enprennent chacun une de ces rustres & lâches paysans, & recouvrent les Fosses (malgré l'infection) avec une ardeur qui n'est point exprimable ; c'est dommage que tous ces Soldats ayent peri, ils ont servi la Ville avec un zele, qui à la verité les fera toûjours regretter.

Ce jour Mr Audimar Echevin fait enlever dans le Quartier S. Jean un entassement de cadavres qu'on avoit fait dans une traverse apellée la Ruë de Ferrat, & qui n'étoient gueres moins pourris que ceux de la Tourrette.

M. le Commandeur de Langeron voulant pourvoir cependant aux besoins du peuple, qui manque de tout, & qui souffre & perit même par la fuite de presque tous les Chirurgiens , de tous les Apoticaires , de tous les Marchands detailliftes , Regratiers Revendeurs & Revendeufes , Coupeurs & Coupeufes de Viande , dont toutes les Boutiques , Magazins , Etaux & Bancs font toûjours par tout generalement fermées ; il rend une Ordonnance pour les contraindre à revenir dans 24. heures precifement , à peine de la vie.

Ce même jour Mrs les Medecins de Montpellier qui étoient venus dans le mois d'Août , pour examiner par Ordre de fon Alteffe Royale l'état & la qualité de la maladie , reviennent accompagnés du Sr. Soulliers Maître Chirurgien du Roy qui étoit alors auffi venu avec eux ; ils fe trouvoient encore depuis leur départ à une maifon de campagne prés d'Aix qu'on leur avoit affignée pour y faire leur quarantaine pour pouvoir repaffer à Montpellier ; mais

fon Alteffe Royale voulant fecou-
rir Marfeille, voyant qu'une fi
grande maladie demandoit les plus
grands, les plus habiles, & les
plus fameux Medecins, avoit eu la
bonté de leur envoyer des ordres
d'y revenir inceffament, & de les
faire joindre par Mr Deidier autre
fameux Medecin & Profeffeur de
Montpellier, qui arrive enfemble
avec eux.

La pefte jufques alors a été trai-
tée comme la pefte, les malades ju-
geoient aifement du peril & de
l'horreur de leur mal par la maniere avec laquelle les Medecins les
vifitoient : le Chancelier de l'Uni-
verfité de Montpellier Mr de Chicoyneau, Mr Verny & Mr Deidier, leur donnent au contraire
lieu de croire, que c'eft de tous
les maux le moins dangereux & les
plus ordinaires ; ils les approchent
de fang froid, fans repugnance &
fans précaution : ils s'affeoient même fur leurs lits, touchent leurs

bubons & charbons, & restent là avec tranquillité autant de temps qu'il en faut pour se bien informer de l'état où ils sont, des accidens de leur maladie, & pour voir executer par les Chirurgiens les Operations qu'ils ordonnent : ils vont par tout, ils parcourent tous les Quartiers, ils abordent tous les malades, dans les Ruës, sur les Places publiques, dans les maisons, dans les Hôpitaux : on diroit qu'ils sont invulneraires, & des Anges tutelaires envoyés de Dieu pour sauver la vie à un chacun ; ils refusent l'argent que les riches leur offrent ; & ne reçoivent de personne que mille benedictions qu'on leur donne de tous côtés ; leur maniere de proceder, jointe à la reputation de leurs Noms, relevent seules des malades par la confiance qu'elles leur donnent.

Le 18. Septembre, on fait ouvrir sous les Remparts entre la Porte d'Aix, & la Tour Ste Paule une autre Fosse de 10. Toises de long fur 5. de large, M. le Commandeur de Langeron a mandé le jour precedent, aux Capitaines du Terroir de faire venir des Payfans; Mr le Chevalier de Soiffans va dés le point du jour à l'entrée du Fauxbourg les attendre pour les conduire à ce travail qu'ils rebutoient extrêmement, à caufe de la proximité des autres Foffes qu'on a déja rempli à cet endroit.

On en ouvre auffi de nouvelles du côté de l'agrandiffement pour les cadavres de la Paroiffe S. Ferriol, Quartier le plus beau & le mieux habité de la Ville, où le Sr Serre auffi bon Citoyen que fameux & habile Peintre, l'un des Commiffaires qu'on y a établis, & zelé jufqu'au point de facrifier fa propre vie pour les fecours de fa patrie, s'eft chargé feul du penible & perilleux foin d'en faire lever & enterrer tous les cadavres, avec quelques Tomberaux que Mrs les Echevins lui ont donné : & une brigade de Forçats que Mrs des Galeres lui ont fourni, qu'il prend jusques là le soin de nourrir & entretenir, & de loger & tenir à sa garde; un Citoyen à qui la Patrie est si chere, merite certainement bien d'en être cheri.

Le 19. la Ville se trouvant toûjours abandonnée & tout le monde en évasion & en fuite, par où l'on y est dans la cruelle extremité de ne trouver qui que ce soit pour pouvoir faire transporter dans les Magazins de la Communauté, les Bleds qu'on fait venir par bateaux de la Barriere de l'Estaque; M. le Commandeur de Langeron fait donner pour faire ce charroy, treize couples de Forçats, & 2. autres couples pour aprêter à manger à ceux-cy, ne se trouvant pas seulement des gens en état à pouvoir être chargés de ce soin.

Le tems des vendanges s'aprochant, l'on considere que les vapeurs du vin nouveau, dans une

Ville où on en recueille une quantité si prodigieuse, pourroient beaucoup servir à y des-infecter les maisons, & l'on se rappelle que ce fut en effet par-là que cessa la derniere peste qui affligea Marseille: sur quoi Ordonnance de M. le Commandeur de Langeron, de M. le Marquis de Pilles & de Mrs les Echevins portans que les Vendanges seront faites comme à l'ordinaire.

Ce jour, nouveau secours de trois autres Medecins de la Faculté de Montpellier, qui viennent de Paris en poste par Ordre de son Altesse Royale: (Mr Mailhés Professeur de l'Université de Cahors, Mr Boyer de Paradis de Marseille, & Mr de Læbadie, accompagnés de deux Maîtres Chirurgiens de Paris;) ils sont munis des excellentes instructions qu'ils ont reçûës de l'illustre Mr Chirac premier Medecin de Son Altesse Royale, & Sur-Intendant du Jardin Royal des Plantes, qui n'a rien négligé pour le salut de cette Ville infortunée, des Medecins si bien choisis & si bien instruits, ne peuvent pas manquer de bien faire; la suite le fait bien-tôt voir.

Le 20. Septembre, on ne trouve dans la Ville aucuns remedes com-posés, ni aucune drogue pour en faire, par la fuite & desertion de tous les Maîtres Apoticaires, & de tous les Marchands Droguistes & Epiciers: les malades meurent sans pouvoir user la liberté de tester, par la fuite de tous les Notaires Royaux; les femmes grosses vien-nent à accoucher sans aucun se-cours, par celle de toutes les sages femmes accoucheuses; Ordonnance de M. le Commandeur de Lange-ron, de Mr le Marquis de Pilles, & de Mrs les Echevins renduës à ma requisition, tant contre les uns que contre les autres, pour les obli-ger tous de revenir dans 24. heures, à peine de la vie: (les seuls No-taires Royaux y obéissent à l'instant)

Le terme ordinaire des Baux à loyer des maisons commence & finit à la S. Michel, & toutes les maisons se trouvant presque infectées, il seroit dangereux de laisser faire ces changemens, & le transport des meubles la plupart pestiferez : autre Ordonnance pour le défendre, jusqu'à ce qu'autrement il en soit dit & ordonné.

Le 21. accroissemens de soins & de peines pour Mrs les Echevins, les Commis qui ont depuis long-tems la direction & la regie du Bureau de l'abondance des grains, & des boucheries meurent de la peste, ils se trouvent par là contraints de vaquer eux-mêmes à tous ces détails tandis qu'ils en ont d'ailleurs une infinité d'autres; Mr le Commandeur de Langeron, pour les faciliter à survenir à tout, les porte à se repartir entre eux le travail, M. Estelle est chargé de l'expedition de toutes les affaires courantes de l'Hôtel de Ville, des cor-

respondances ; des Ordres & de la
Police ; Mr Audimar du soin des
Boucheries, Mr Moustier de tout
ce qui concerne la levée & l'ense-
velissement des cadavres, les Fosses
& Cimetieres, le nettoyemént des
Ruës, les Tomberaux, les Forçats
& leur subsistance ; & Mr Dieudé
de tout ce qui regarde le bled ,
la farine, le bois à brûler & les
Boulangers.

Le 22. il faut faire de nouvelles
fosses, M. le Commandeur de Langeron envoye ses Gardes dans le
Terroir pour faire venir 150. fos-
soyeurs pour y travailler, & le lendemain 23. on en ouvre une de 22.
Toises de long sur 8. de large ,
& de 14. pieds de profondeur, dans
le Jardin des Observantins prés les
Remparts.

Le 24. Septembre, dans le temps
que la misere & la calamité sont
à leur derniere periode, que tout
gemit, que tout soupire, que tout
se meurt, tant à la campagne qu'à

la Ville, que ceux que la fureur du mal épargne, tombent dans la faim & dans le deſeſpoir, plus cruels & plus redoutables que la peſte même, que les ſources de charité qui ont coulé juſques alors ſe trouvent tout-à-fait taries ; que le Ciel ſemble devenu d'Airain, & la Terre de Fer, ſelon l'expreſſion de l'Ecriture, & qu'on n'eſpere plus abſolument que de mourir : voilà une main ſecourable qui vient s'étendre du plus loin ſur cette Ville infortunée.

Le 2. les tas des hardes & de meubles peſtiferés dont toutes les Ruës ſont remplies empêchant encore plus la liberté du paſſage, que les cadavres & les malades qui y ſont giſſans ; M. le Commandeur de Langeron fait donner 25. Forçats pour travailler à les enlever avec des Tomberaux qu'on y deſtine : il en fait donner 20. autres pour fendre le bois à brûler qu'on fournit aux boulangers ne ſe trouvant ni bu-

cherons , ni autre perſonne pour le
faire.

L'obſtination des Apoticaires &
des Droguiſtes & Epiciers à ne pas
vouloir revenir dans la Ville & la
neceſſité qu'il y a de les y contraindre , pour avoir des Remedes &
des Drogues pour en compoſer ,
l'oblige d'envoyer des Gardes dans
le Terroir pour y ſaiſir les principaux.

Le 26. Septembre cet Hôpital que
l'on conſtruit avec des charpentes
dans les Allées du Grand Jeu de
Mail , & que tant de pauvres peſtiferez qui ſont étendus dans les
Ruës & ſur toutes les places publiques, reclament depuis tant de jours,
ſe trouve au point d'être entierement achevé aprés des peines jn-
finies , lorſqu'un vent du Nord le
plus furieux qui ſoit jamais, ſouffle
ſi terriblement , qu'il briſe & ren-
verſe preſque toutes les Charpentes,
& emporte toutes les Tentes qui
les couvrent. Pour reparer promp-

tement tout ce fatal dommage, M.
le Commandeur de Langeron va sur
le lieu envoye chercher des gens
d'expedition des Galeres , des Co-
mittes , & de bons Turcs ; Mrs les
Echevins courent par tout pour
chercher du Bois & de la Cotonine,
tout est en action & en mouvement ; Mr le Chevalier de Soissans
reste sur le lieu pour animer le
travail & pour donner les ordres
avec les Srs Marin & Beaussier ,
Commissaires nommez à la Direction generale de cet Hôpital, qui se
font sacrifiez pour le faire cons-
truire , & qui ont été presque en
tout ce qui s'est trouvé de plus
penible à faire , des principaux
aides de Mrs les Echevins depuis
que la crainte de la Contagion les
a fait abandonner de tout le monde.

Le 27. on considere que quelque
grand & vaste que soit cet Hôpital,
il ne pourra pourtant jamais suffire pour cette multitude de malades
qui sont couchez de tous côtez &

qui augmente toûjours de plus en plus par la continuation de la maladie, qu'il faut panser sans perdre tems, de pouvoir en avoir un autre ; & aprés avoir bien jetté les yeux de toute part, on delibere de se servir de l'Hôpital general de la Charité, qui se trouve tout prêt, & où il y a actuellement prés de 800. Lits en état, avec toutes les ustenciles qui sont necessaires.

La difficulté n'est seulement que d'aviser, où pouvoir mettre tous les pauvres qui y sont enfermés ; rien ne paroît plus convenable que l'Hôtel Dieu, où il y a de la place à suffisance : mais il y a eu des Pestiferez, & il y en a actuellement plus de 50. il faut auparavant le des-infecter, & en tirer tous ces malades : on les porte dans une Chapelle de Penitens qui est tout prés, & M. Estelle va ensuite en faire la des-infection avec tout le soin qu'elle demande.

Du 28 jusqu'au 3. d'Octobre,

ce n'est par tout qu'action , que
mouvement , que travail nuit &
jour. Au jeu de Mail on y travaille
à force à reparer le dommage du
vent & à munir un tel Hôpital
de ce détail infini des choses qui y
font neceffaires , à difpofer les logemens des Medecins , des Apoticaires , des Chirurgiens , des Officiers & des Servans dans le Couvent des Auguftins Reformez qui
eft attenant , & dans les Baftides
des environs, & à y ouvrir tout au
prés des grandes & profondes Foffes;
à la Charité , celles qu'on a déja
ouvertes dans le Jardin des Obfer-
vantins, fe trouvent juftement der-
riere , mais il y faut encore plus de
travail qu'à l'autre , pour le difpofer & le munir de tout ; à l'Hôtel-Dieu pour la des-infection :
pour la fortie des malades & pour
le placement de tous les pauvres de
la Charité qu'on y fait entrer , ce
font des peines qui font inexprimables : M. le Commandeur de Langeron

geron eſt obligé d'être à Cheval du
matin au ſoir pour courir d'un endroit à l'autre, Mrs les Echevins d'a-
gir ſans relâche , & de ſe d'érober
juſques les heures de leurs propres
repas pour ne perdre pas un moment de tems : tout donne une
peine infinie à avoir , juſqu'à la
paille pour remplir les Paillaſſes ,
que perſonne ne veut venir aporter
du Terroir , ſans y être contraint
par la force ; il faut chercher des
Officiers & des Servans pour tous
ces Hôpitaux , il faut ſur tout un
grand nombre de Chirurgiens , tant
Maîtres que Garçons ; on ne peut
en attirer de dehors que par l'excé;
de la récompenſe ; on envoye pour
cela des Affiches de tous côtez , par
leſquelles on promet à tous les
Chirurgiens qui voudront venir ,
ſavoir aux Maîtres des Villes prin-
cipales 2000. livres par mois , aux
Privilegiés des mêmes Villes , & aux
Maîtres des petits Lieux 1000. livres
par mois , & aux Garçons 300.

M

livres par mois & la Maîtrise dans Marseille, outre le Logement & l'entretien pendant tout le tems qu'ils serviront.

Le 3. Octobre, une partie des Troupes que M. le Commandeur de Langeron attendoit pour le service de la Ville, & pour executer ses ordres, arrivent : il reçoit trois Compagnies du Regiment de Flandres, qu'il fait camper à la Chartreuse hors les Murs.

Le 4. les deux nouveaux Hôpitaux de peste du Jeu de Mail & de la Charité sont enfin en état de recevoir les malades : & aussi-tôt ils s'y trainent en affluence de tous les côtés ; un nombre de Forçats sont destinez pour aller prendre ceux qui ne peuvent pas s'y conduire, & qui sont couchés & gissants, tant sur les places publiques, & dans les ruës, que dans les maisons.

Le 5. tous les Medecins, tant étrangers que de l'Agrégation de la Ville, sont convoqués à l'Hôtel de Ville en prefence de Mr le Commandeur de Langeron , de Mr le Marquis de Pilles & de Mrs les Echevins , & Mrs de Chicoyneau & Verny , comme leurs Chefs , & ceux d'ailleurs à qui on a donné l'infpection generale , font le departement des endroics où chacun fervira , & des Chirurgiens qui y travailleront fous eux. Si tous les Etrangers fe font fort fignalez par leur habilité & par leur zele , ceux de la Ville ne l'ont pas certainement moins fait, tant par un endroic que par l'autre ; ils ont fervi avec un zèle fi peu menagé que trois y ont perdu la vie, Mrs Peiffonel , Montagnier & Audon ; & un quatrieme qui eft le Sr Bertrand , n'a pas été fort loin des portes du Tombeau.

Le 6. trois des Capitaines de Ville fe trouvans morts , Mrs les Echevins, nomment à leurs Charges le Sr Defperier Ecuyer , & les Srs Bonnaneau & Icard , qui de-

puis le commencement de la contagion se sont livrés volontairement à tout ce qu'il y a eu de plus
fatigant & de plus perilleux à faire
pour le service de la Ville.

Le 7. la peste étant plus enflam-
mée dans le Terroir qu'elle n'est
dans la Ville, & étant important
d'empêcher les malades d'y venir:
M. le Commandeur de Langeron
fait mettre à chaque porte un corps
de Garde de soldats des Troupes
du Roy, sous le commandement
des Capitaines & Officiers de Ville,
& fait une Ordonnance, qui leur
prescrit la consigne des portes.

Le 8. comme depuis que les deux
nouveaux Hôpitaux sont ouverts
les malades ne sont plus couchez
dans les places ni dans les Ruës,
& que tous les cadavres en soient
ôtez journellement par le grand
nombre de Tomberaux qui rou-
lent incessament sur le pavé; on se
met en état de faire travailler à les
nettoyer dans tous les Quartiers;

tant pour en rendre le paſſage li-
bre, que pour en ôter l'horrible
infection qui y eſt par la prodigieuſe
quantité d'ordures & du fumier
dont elles ſont toutes remplies. On
fait poſter à cet effet des grands Bateaux à boüe qui ſervent au cu-
rage du port, tout le long du Quay
à chaque paliſſade, & tandis que
Mrs les Echevins vont chacun dans
un quartier avec une brigade de
Forçats, faire brûler tous les tas
de hardes & de meubles peſtiferez
qui ont été jettez par les Fenêtres,
d'autres Brigades de Forçats vont
avec des Tomberaux enlever les
ordures & le fumier qu'ils tranſ-
portent dans ces Bateaux, qui vont
enſuite les jetter le plus loin qu'il
ſe peut hors l'entrée du Port; travail ſi long & ſi conſiderable, que
quelque effort qu'on faſſe, il faut
tout au moins un mois pour pouvoir
l'achever.

Le 9. Octobre, Mrs les Echevins
reçoivent une nouvelle qui les rem-

plit de joye & de confolation ; ils voyent par une Lettre que Mrs les Confuls d'Avignon ont la bonté de leur écrire, que le Pere commun des Fideles Catholiques Romains, touché d'apprendre le malheur d'une Ville, qui a été la premiere des Gaules à recevoir la Foy Catholique par faint Lazare fon premier Evêque : qui en a confervé dans tous les temps la pureté, fans qu'aucune Herefie ait jamais pû s'y introduire, & qui a toujours eu pour le Saint Siege un attachement tres-particulier, & un refpect & une veneration auffi profonde qu'inviolable, ne fe contente pas d'ordonner dans toutes les Eglifes de Rôme des Prieres publiques & des Proceffions, où Sa Sainteté affifte elle-même à pied, pour demander au Souverain Pere de mifericorde d'appaifer fa colere fur Marfeille, & de détourner le fleau terrible qui la défole ; mais que voulant encore foulager la mifere de tant de Pau-

vres qu'il y a , & leur donner le
pain qui leur manque ; Sa Sainteté
à fait acheter dans la Marche d'An-
cone deux mille Roubies de bled ,
faisant environ trois mille cinq cens
Charges , quils recevront incessamment par les Bâtimens qui les char-
geront à Civitta-Vechia pour les distribuer aux Pauvres , suivant la
destination que M. l'Evêque en fera.

Le 10. les Chanoines-Curez de l'E-
glise Collegiale S. Martin persistant
à ne pas venir à leurs fonctions nonobstant toutes les diverses monitions
à eux faites ; M. l'Evêque rend Sen-
tence , & faisant droit aux fins de la
Requête de Mrs les Echevins du 4.
Septembre dernier, déclare leurs Benefices vacans , & qu'il sera pourvû
d'autres sujets capables à leurs Benefices ; ce qu'il fait en consequence.

Le 11. il y a dans les Hôpitaux
plusieurs malades qui ont le bonheur d'échaper de la Peste ; il faut
un lieu pour y faire passer ces convalescens , & où ils restent pendant

40. jours, après leurs bubons & Charbons entierement gueris & cicatricés, on délibere ne se servir pour cela des grandes Infirmeries; il faut les disposer & les munir de toutes les choses necessaires; M. le Commandeur de Langeron s'y porte accompagné de M. Estelle, & tous les ordres sont donnés pour le faire incessamment.

Le 12. il arrive de nouvelles Troupes pour le service de la Ville; M. le Commandeur de Langeron reçoit trois Compagnies du Regiment de Brie, qu'il fait camper à la Chartreuse, avec les trois autres qui y sont déja.

Le 13. 14. & 15. tandis qu'on travaille à disposer les Infirmeries pour y envoyer les convalescens, il mande des ordres dans le Terroir, pour contraindre à venir, ceux des Intendans de la Santé qui se sont absentés, & divers autres Officiers Municipaux, dont le service est dans la Ville d'une necessité tout-à-fait absoluë.

Le 16.

Le 16. il établit un Corps de Garde de 30. Soldats à côté de l'Hôtel de Ville, pour escorter Mrs les Echevins, & executer les ordres.

Le 17. on délibere d'envoyer dans les infirmeries, non pas seulement les Convalescens de divers Hôpitaux, mais encore tous ceux qui sont dans la Ville ; qui avec leurs Bubons tous ouverts & fluants, vaquent de tous côtés, & communiquent le mal à tous ceux generalement qui sans sçavoir leur état, ont le malheur de les toucher ou de les approcher.

Le 18. les difficultés que l'on trouve à pouvoir entierement disposer les Infirmeries, ou pour fermer les côtés des Hales qui sont ouverts, il faut une quantité de bois, de Planches & de Toiles Cotonines que l'on ne trouve pas, obligent de chercher un autre endroit, qui se trouve tout disposé par luy-même ; tel paroit le Col-

lege de la Maison des Peres de l'O-
ratoire dont les Classes sont suffi-
santes pour contenir un tres grand
nombre de personnes, & où le logement des Officiers, Chirurgiens,
& servants, est tout prêt dans le
reste de la Maison, qui se trouve entierement vuide par la fuite
de ces Prêtres.

Le 16. Mr le grand Prieur Claus-
tral de l'Abbaye S. Victor & deux
Religieux députés de son Chapitre,
viennent à l'Hôtel de Ville pour
se justifier sur le refus qu'ils ont
fait de venir avec les Chasses &
Reliques de leur Eglise jusqu'à la
place de la Loge : la continuation
de la Contagion, malgré tous les
efforts qu'on ait déja fait pour tâcher de l'éteindre, ne laissant d'esperance que la misericorde du Seigneur par l'intercession des Saints;
Mrs les Echevins s'étoient proposés
de prier M. l'Evêque de faire sortir toutes les Chasses des Saints,
& toutes les Reliques de l'Eglise

Major , & de les accompagner
jusqu'à la place de la Loge, où ils
feroient dresser un grand Reposoir
pour les y exposer, & de prier pareillement Mrs de l'Abbaye S. Victor, de faire sortir dans le même
tems toutes celles de leurs Eglises, & de les accompagner au même endroit, où étant jointes & ex-
posées toutes ensemble sur le même
Autel, M. l'Evêque celebreroit la
Messe, & on diroit toutes les Prieres
& Oraisons qui ont été prescrites
sur la peste. M. l'Evêque l'avoit
aussi-tôt accordé , avec toute la
joye & la satisfaction que peut
inspirer la pieté qui l'anime : M.
le Commandeur de Langeron avoit
donné de tres - bons Ordres pour
empêcher qu'à cette Sainte Action
il n'y eût aucune foule , ny même aucune communication , il ne
restoit plus que de disposer Mrs de
l'Abbaye S. Victor ; Mr Estelle fut
les en prier, ils l'accorderent , mais
à des conditions si impraticables ,

qu'ils vouloient, ou que l'on dreſ-
ſât deux Autels, ou que ce ne fût
pas M. l'Evêque qui celebrât la
Meſſe, de peur que leur exemp-
tion n'en reçût quelque atteinte ;
& leur Grand Prieur Clauſtral &
deux Religieux de l'Abbaye, viennent ce jour à l'Hôtel de Ville,
pour témoigner qu'on ne doit pas
prendre leurs raiſons pour des
prétextes de refus.

Le 20. aucune cloche dans la
Ville ne ſonnant plus depuis la contagion, non pas même celle de la
retraite ; M. le Commandeur de
Langeron ordonne de la ſonner
tout comme auparavant.

Le 21. il ordonne aux Officiers
de Ville de faire exactement les
patroüilles dans tous les Quartiers
avec le nombre de ſoldats qu'il y
deſtine.

Le 22. & 23. les priſons ſe trouvant remplies de malfaiteurs & les
effets d'une infinité de maiſons é-
tant expoſés au pillage, par la

mort de toutes les personnes qui les habitoient; il envoye des ordres dans le terroir pour obliger les Commissaires de Police de revenir, pour faire les procedures necessaires, instruire le procez à ceux-là, & pourvoir à la sureté des effets des autres.

Le 24. il rend avec Mr le Marquis de Pilles & Mrs les Echevins une Ordonnance à ma requisition, qui enjoint à tous ceux qui se sont saisis des clefs des maisons, ou des effets des personnes decedées, ou qui les ont reçûs en dépôt, en quoi qu'ils puissent consister, de venir dans 24. heures en l'Hôtel de Ville, en faire leur declaration pardevant les Commissaires de Police, pour être pourvû à l'assurance du tout.

Le 25. autre Ordonnance pour la seureté & la santé publique, portant que pour empêcher les vols qui se font pendant la nuit, & qu'on n'augmente la contagion, en transportant d'un endroit à l'autre des hardes pestiferées, ceux qui aprés la retraite sonnée seront surpris volant les maisons, ou transportant des hardes ou des meubles, seront punis de mort; & que ceux qui seront trouvés avec des armes prohibées seront condamnés aux Galeres.

Le 26. la peste semble n'avoir diminué que pour faire augmenter la misere & la disette: ce mal qui a engagé les lieux voisins, & la Capitale même de la Province fait que ni grains ni denrées n'en viennent presque plus aux marchez des barrieres, on les a même tous changez & reculez si loin, qu'ils se trouvent hors de portée, & l'on est à Marseille dans des plus grandes extremités, qu'on n'a jamais été. M. le Commandeur de Langeron & Mrs les Echevins voyent la necessité qu'il y a, pour éviter bien-tôt une entiere famine, d'envoyer des bâtimens de tous côtés,

pour aporter du bled & autres choses neceſſaires à la vie; mais n'a-
yant point d'argent ni de moyens
pour en avoir, cela les fait deter-
miner, de faire des dépêches à la
Cour, pour en implorer le ſecours.

Le 27. les Hôpitaux du Jeu de
mail, de la Charité & de la Rive
Neuve, étant par la diminution du
mal, plus que ſuffiſants pour contenir tous les malades; & celui des
convaleſcents reſtant tout-à-fait
inutile, on delibere de s'en ſervir pour
y enfermer tous les convaleſcents,
& de ne pas employer à cet uſage
le College de l'Oratoire, comme on
l'avoit precedemment reſolu.

Le 28. & 29. on travaille à le
diſpoſer & le garnir de nouveaux
Lits, aprés en avoir fait tranſporter à celuy du Jeu de mail, tous
les malades qui s'y trouvent,

Le 30. l'affluence des Chirurgiens, tant maîtres que garçons
qui viennent de tous côtés, exci-

tez par les affiches du 30. Septembre, qu'on avoit envoyé mettre par tout, & par les grandes retributions qu'on y promettoit à ceux qui voudroient bien venir servir, obligé d'en envoyer mettre de contraires, pour faire sçavoir que le mal ayant heureusement beaucoup diminué, on en a pas besoin davantage.

Le dernier Octobre pour avoir les Convalescents qu'on veut enfermer, qui avec leurs bubons encore ouverts & fluants, vaguent les ruës & infectent tout le monde par leur approche; Mr le Chevalier de Soissans s'avise d'un expedient tout à-fait aisé: ce ne sont là que gens necessiteux qui mandient, & qui ne peuvent pas manquer d'aller où l'on donne journellement l'aumône à tous venants, il fait cacher des Soldats aux environs de l'Hôtel où M. l'Evêque a pris retraite, il s'y ramasse dans moins de demi heure plus de 500. de ces

Mandiants, & lorsqu'il voit qu'il y en a de reste, il les fait envelopper par les Soldats qui sortent & les fait conduire dans l'Hôpital des Convalescents, où les Chirurgiens les visitent, & retiennent tous ceux qui sont dans un état à devoir rester enfermés.

Le premier Novembre, Fête de tous les Saints, M. l'Evêque sort de son Palais en Procession ; accompagné des Chanoines de l'Eglise des Accoules, de ceux qu'il a nouvellement pourvûs à celle de Saint Martin , & du Curé & Prêtres de la Parroisse Saint Ferriol , & voulant paroître comme le Bouc Emissaire , chargé des Pechés de tout le Peuple , & comme s'il étoit la Victime destinée à leur expiation, il marche la corde au col, la Croix entre les bras & les pieds nuds, va ainsi jusqu'au bout du Cours du côté de la Porte d'Aix, où il celebre la Messe en public , d'un Autel qu'il a fait dresser; &

aprés une tres belle Exortation qu'il fait au public, pour le porter à la penitence, afin de fléchir la colere de Dieu, & d'obtenir la delivrance de cette cruelle peste; il fait un Acte de consecration de la Ville au Sacré Cœur de Jesus, à l'honneur de qui il a déja établi à cette intention une Fête chomable toutes les années par son dernier Mandement dont il fait faire la lecture: les larmes qu'on voit couler de ses yeux pendant cette Sainte Ceremonie, jointe à l'onction de ses paroles, excitent la componction dans les Cœurs qui sont les moins sensibles, & chacun penetré d'une vive douleur, reclame la misericorde du Seigneur. S. Charles fit autrefois la même chose dans Milan, à pareil jour de la Toussains, lorsque cette Ville eut le malheur d'être affligée de la contagion, & il ne manque à l'imitateur du zele, de la pieté, de la charité, & de toutes les Vertus d'un

fi grand Saint, que la pourpre Romaine qu'il merite, & que tout un
peuple qu'il comble de biens spirituels & temporels, souhaite du plus
profond du cœur.

Le 2. Novembre jusqu'au 5. M.
le Commandeur de Langeron travaille avec Mrs les Echevins, à
faire de nouveaux départemens de
tous les Quartiers de la Ville ; &
ils établissent presqu'à chaque Isle
de Maisons un Commissaire pour
veiller à l'execution de divers Ordres qui sont donnés, & empêcher tout ce qui peut contribuer
à la continuation de la peste, ou
en produire dans la suite une rechute.

Le 5. pour reprimer le prix excessif de tous les Vivres & Denrées, qu'on augmente abusivement
de jour en jour en se prévalant
du malheur de la disette, ils convoquent dans l'Hôtel de Ville une
assemblée de Negociants & Marchands, pour faire un Taux gene-

ral : ils continuënt le lendemain d'y travailler & le 8. ce Taux étant fait, ils rendent Ordonnance portant défenses à tous Marchands Detaillistes, Regratiers, Revendeurs, Revendeuses, & autres, de vendre à plus haut prix que celuy porté par ce Taux, à peine de Carcan, de restitution du prix & de confiscation des choses venduës.

Le 6. jusqu'au 13. M. le Commandeur de Langeron travaille à donner des ordres de tous côtés, pour regler & secourir tous les Quartiers du Terroir, où la peste continuë de faire ravage; & le 14. il rend une Ordonnance avec M. le Marquis de Pilles & Mrs les Echevins qui prescrit de si exactes & si judicieuses precautions pour l'entrée des portes, que le commerce indispensable de la Ville avec le Terroir est entretenu, sans que le mal qui y est, puisse en aucune maniere être porté dans la Ville, & empirer celuy qui continuë d'y être encore.

Le 15. les Boulangers étant à la veille de ne pouvoir plus travailler, faute de bois à bruler, on dépêche des Batimens du côté de Toulon pour en aller chercher.

Le 16. M. l'Evêque prend la sainte resolution de faire un Exorcisme contre la peste, qu'il voit continuer avec douleur, à cet effet ayant convoqué tous les debris de son Clergé dans l'Eglise des Acoules, il commence par faire lire toutes les Prieres que sa Sainteté luy a envoyées, & qu'elle fait reciter journellement dans toutes les Eglises de Rome, pour qu'il plaise à Dieu de delivrer Marseille de ce fleau; & aprés une tres-belle & tres-touchante exhortation, il monte le S. Sacrement sur la Terrasse qui est sur la voute de cette Eglise, d'où l'on voit à découvert toute la Ville & le Terroir, y donne la Benediction, & fait l'exorcisme contre la peste, avec toutes les Prieres & les ceremonies que l'Eglise luy a prescrit.

Le 17. Novembre M. le Commandeur de Langeron reçoit réponse de la Cour, des dépêches qu'il y avoit faites : M. le Blanc & M. le Pelletier des Forts luy mandent que Son Altesse Royale, étant extrêmement touchée du malheur de Marseille, a donné ordre à la Compagnie des Indes de luy faire remettre 25. mille Piastres & 1900. Marcs d'argent, dont elle veut bien aider cette Ville, en attendant de pouvoir luy procurer d'autres secours ; M. le Marquis de la Vrilliere mande la même chose à Mrs les Echevins, & que son Altesse Royale fera tout ce qui dépendra d'elle, pour leur soulagement. Il n'est point d'attention que cet Auguste Prince n'aye eû pour cette infortunée Ville, depuis que son malheur luy a été connu. Elle n'a cessé de donner des Ordres de tous côtez, pour luy procurer tous les secours necessaires, tant pour remedier au mal, que pour pour-

voir à la misere & à la disette : tous
ses Ministres ont secondé avec tant
d'ardeur & tant d'aplication ses intentions, qu'il semble qu'ils n'ayent
été occupé d'autre soin, que d'ac-
celerer ces secours, & de les
rendre plus efficaces Quelle sen-
sibilité n'en garderont-ils pas toûjours dans le cœur, des sujets
aussi soûmis & aussi fidelles, la
reconnoissance de leur conservation
& de leur salut, jointe à l'ardeur
& au zele qui les a toûjours dis-
tinguez dans la soûmission & l'obéïs-
sance qui est dûë à sa Majesté ,
ne les fera plus brûler que du desir
d'immoler leurs biens & leur vie ,
pour l'honneur & la gloire de son
service.

Jamais disette n'a été (pour ainsi
dire) plus abondante , & jamais
misere plus puissamment secourüë ,
enforte qu'ayant toûjours été ou à
la veille ou dans la crainte de manquer de tout par l'interdiction de la
communication & du commerce, on

n'a presque jamais manqué de rien,
par les secours continuels & suc-
cessifs venus de tous côtés, par les
Ordres de son Altesse Royale, & les
soins particuliers que M. des Forts
& M. le Blanc se sont donné à les
faire executer ; de Grains & Denrées , & sur tout de Bœufs & de
Moutons sont venus en telle quantité , nonobstant toutes les difficultés d'en avoir , qu'il y en a depuis
long-temps une espece d'abondance;
de la monoye d'Aix , M. le Premier
President a fait toucher diverses
fois des sommes tres considerables
d'Argent ; il a fait venir de par tout,
toutes les choses necessaires : il a
jusques - là fait couper des forêts
presque entieres , pour qu'on n'y
manquât pas de bois à brûler ; &
ne se contentant pas de procurer
par tout des credits importans,
il a eu encore la bonté de pourvoir
à l'acquitement d'une bonne partie ;
du Languedoc , M. de Bernage
Intendant s'est donné des soins
infinis ,

infinis, pour faire passer tous les secours que peut fournir la fertilité de cette Province.

Plusieurs notables Citoyens ont fait des fournitures trés-considerables ; les Srs Constans & Remusat seuls, ont fourni leur credit & leur argent pour vingt mille Charges de Bled ; les Srs Martins, Grimaud & Beolan, ont pris volontairement pour les Boucheries, des soins qui sont inexprimables, & ils y ont procuré des avantages infinis, plusieurs autres ont donné des Piastres, pour envoyer chercher du bled dans le Levant, il y a même des Magistrats des Cours Souveraines de la Province, qui dés le commencement de la Contagion, poussés par la génerosité de leur cœur, & par la grandeur de leur ame, offrirent & envoyerent même tous les Bleds qu'ils venoient de recueillir de leurs Terres ; tels sont Mrs de Lubieres & de Ricard, Conseillers au Parlement, & M

O

de Rauville Président à la Cour des Comptes, Aydes & Finances; on ne pouvoit pas perir avec tant de divers Secours : Mais c'est un gouffre que Marseille & son Terroir : il faut pour le remplir suffisament toute cette prodigieuse abondance, que la seule liberté, & le concours du commerce des Nations peut y apporter.

Le 18. le Sr Taxil Agent de la Compagnie des Indes à Marseille, remet à Mrs les Echevins les 1600 Marcs de matieres d'Argent, & 20. mille 49. Marcs de Piastres qu'ils font à l'instant encaisser, pour les envoyer convertir en nouvelles Especes, à la monoye de Montpellier.

Le 19. la maladie, qui avoit extrêmement baissé, ayant un peu augmenté, & y ayant sujet de croire que la communication qui s'est faite dans quelques Eglises qu'on a ouvertes, y a donné lieu, on prie M. l'Evêque de vouloir bien les faire refermer.

Le 20. 21. & 22. on travaille à preparer des bâtimens pour aller charger du bled dans le Levant, afin de n'en être pas tout-à-fait dépourvû cet Hyver, & qu'aprés la peste & la disette on ne se trou-ve pas dans une entiere Famine.

Le 23. on apprend qu'un des Bâtimens sur lesquels les Ministres de Sa Sainteté ont fait charger à Civita-Vechia le bled destiné pour les Pauvres de Marseille a malheureusement fait naufrage à l'Isle de Porcherolles, & que de mille Charges qu'il portoit, on n'a pas pû en sauver trois cens.

Le 24. & 25. la Contagion continuant toûjours dans le Terroir, & les personnes qui s'y trouvent, sur tout celles qui en sont atteintes ou qui soupçonnent de l'être usant de toute sorte d'adresse & d'artifice, pour pratiquer d'entrer dans la Ville, où le mal a presque entierement calmé, M. le Commandeur de Langeron travaille à établir de si exactes & de si bonnes précautions, qu'aucune fraude ne puisse y être faite.

Le 26. il fait une Ordonnance, qui sert de consigne des Portes & qui regle les divers Certificats qu'il faut raporter pour obtenir la permission d'entrer & les cas ou il faut être, pour que les Curez, Capitaines & Commissaires puissent les expedier.

Le 27. en la mandant publier dans le Terroir il envoye à tous les Curez, Capitaines & Commissaires des Quartiers une Lettre Circulaire, pour leur servir d'avis & d'instruction.

Le 28. deux autres Bâtimens, sur lesquels le reste du Bled de l'Aumône de Sa Sainteté se trouve chargé, arrivent à Toulon; Mr l'Evêque vient à l'Hôtel de Ville concerter avec M. le Commandeur de Langeron & Mrs les Echevins les moyens de le faire conduire en cette Ville, où ces

Bâtimens ne veulent point venir à cause de la Contagion.

Le 29. les difficultez que font les Bâtimens du Languedoc de venir chargés des Denrées au Port du *Friou* en l'Isle de *Roteneau*, une des Isles de Marseille, où l'on a transferé la barriere de la Mer qui étoit à *Lestaque*, sur ce qu'aprés qu'ils ont déchargé leur cargaison à cette Isle ils n'y trouvent point du Lest, sans lequel ils ne peuvent point naviger à vuide & repasser à leur pays, obligent M. le Commandeur de Langeron & Mrs les Echevins, de mander venir les Prud'hommes des Pêcheurs à l'Hôtel de Ville, & de leur donner ordre qu'aucun Bateau ne puisse aller à la pêche, qu'il n'aye auparavant porté une charge du Lest sur cette Isle de *Roteneau*.

Le dernier Novembre Mr le Chevalier Rose se charge de tenir la main à l'execution de cet Ordre, & il fait si bien qu'il y a aussi-tôt

fur cette Ifle toute la quantité de
Left neceffaire , pour tous les bâtimens qui pourront y venir.

Le premier Decembre l'Hôpital
de la Rive-Neuve , regi & dirigé
par M. le Chevalier Rofe, fe trouvant inutile & furabondant , on
fait paffer à celui de la Charité, le
peu de malades qui s'y trouvent,
& on le ferme entierement ; Mr
Boyer du Paradis , l'un des Medecins venus de Paris , par ordre de
fon Alteffe Royale, y a fervi avec
toute l'ardeur & le zele que l'amour
de la patrie pût infpirer.

Le 2. jufqu'au 5. on s'affemble
pour prendre tous les arrangemens
& toutes les mefures neceffaires
pour pouvoir parvenir à purger &
des-infecter generalement toutes les
Maifons de la Ville , où la contagion a été ; ouvrage conftament de
longue haleine & d'un détail prefque infini , & qui va être auffi penible, qu'il eft délicat & important.

Le 6. les grandes Infirmeries fe

trouvant purgées depuis long-tems, M. Michel Medecin de l'Agregation de Marseille, qui y étoit enfermé depuis le commencement de la contagion, en sort avec le reste des Chirurgiens qu'il avoit avec lui; il y a servi avec un zele, une fermeté & un succez qui l'a fait admirer de tout le monde.

Le 7. Mrs les Intendans de la Santé s'assemblent à l'Hôtel de Ville, en presence de M. le Commandeur de Langeron & de Mrs les Echevins, pour déliberer sur la purge de tous les Bâtimens qui sont dans le port, qui avoient chargé leurs marchandises avant que la peste y fut encore, ces Intendans (dont les absents sont revenus depuis long-temps) font si bien leur service, que quoi qu'ils ne soient tenus de servir que par tout, ils servent pourtant tous emsemble generalement, sans presqu'aucun s'en exempte.

Les Directeurs de l'Hôpital Ge-

neral de la Charité , & ceux de
l'Hôtel-Dieu , font auſſi leur ſervice avec la même ardeur ; ces derniers ont porté la leur , juſqu'à
s'être chargés de la direction de
l'Hôpital de peſte de la Charité,
dont la ſeule aproche repugne & fait
fremir ; il y en a entr'eux dont le
zele eſt même ſi extraordinaire
qu'on a vû au commencement de
la contagion , lorſque tout le monde
fuyoit , le Sr Bruno Grainier quitter ſa maiſon , & aller faire ſon
habitation dans l'Hôtel-Dieu , pour
ſe voüer entièrement au ſervice des
pauvres , & tâcher d'empêcher
que la peſte ne s'y gliſſa point ;
auſſi n'a-t-elle jamais pû y penetrer,
ſans commencer par terraſſer ce
pieux Argus , & ravir à la vie cet
exemple de la Charité la plus vive
& la plus forte.

Preſque tous les Officiers Municipaux & autres Principaux Citoyens ſont auſſi revenus depuis quelque tems , la plûpart des boutiques

des

des Marchands & des Artifans font ouvertes , le peuple qui dans fa peur & fon effroy avoit perdu toute efperance de fanté & même toute mefure de prudence, a été raffuré & ranimé par la prefence & les bons ordres de M. le Commandeur de Langeron, & chacun eft à prefent à s'entr'aider par des offices mutuels , & par une exacte & admirable police, qui en coupant toute communications mortelles n'en ouvre que de falutaires. Comme ce n'eft ici qu'un Journal abregé qu'on a fait à la hâte dans quelque momens dérobés , on en fera une fuite un peu plus étenduë , où l'on rappellera plufieurs chofes qui ont été obmifes , & les fecours & les fervices dignes de remarque & de reconnoiffance, que plufieurs perfonnes ont rendu à la Ville, tant au dedans qu'au dehors ; & l'on n'oubliera pas les merveilles qu'ont fait les Chirurgiens que la Cour a eû la bonté d'envoyer , & tous les autres.

P

Le 8. comme le danger de la communication, empêche qu'on ouvre encore les Eglises, Mr l'Evêque ordonne de dresser des Autels en dehors, & d'y celebrer la Messe en public.

Ce jour Mr le Commandeur de Langeron rend une Ordonnance avec M. le Marquis de Pilles & Mrs les Echevins, qui prescrit aux Commissaires des Quartiers & Paroisses tout ce qu'ils doivent faire generalement, tant pour empêcher tout ce qui peut contribuer à entretenir la contagion dans la Ville, ou l'augmenter par l'introduction du mal de dehors, que pour concourir au grand ouvrage qui reste encore de la des-infection generalement de toutes les Maisons.

Le 9. sur la notice, qu'on a ouvert plusieurs Cabarets, Tavernes, Bouchons, Caffez & autres endroits de cette espece, où le public se trouve en foule, & où il se fait une mortelle communication ; Or-

donnance à ma requisition pour les
faire tous refermer, à peine de prison & de 30. livres d'amande.

Ce jourd'hui 10. Decembre la
maladie a si fort calmé dans toute
la Ville, qu'il n'a été porté aucun
nouveau malade dans aucuns Hôpitaux; il y a lieu d'esperer que la
colere de Dieu sera entierement
appaisée, que cette malheureuse &
infortunée Ville sera tout-à-fait
délivrée de ce fleau cruel; qui l'a
si désolée, & qu'on y sera même
à couvert du malheur de toute Ré-
chute par les Sages, Exactes & Judicieuses Précautions que Mr le
Commandeur de Langeron prend
de concert avec Mrs les Echevins,
avec un zele si infatigable, une as-
siduité si laborieuse, une vigilance
si éclairée, & une application si sin-
guliere, que le salut de Marseille ne
pourra être regardé que comme son
Ouvrage, & qu'on sera obligé de
benir à jamais son Glorieux Nom,
& ceux de Mrs les Echevins, qui

le secondent si bien , & qui meritent
à si juste titre , par l'ardeur avec
laquelle ils ont exposé leur vie , le
Nom de Peres de la Patrie.

Fait à Marseille dans l'Hôtel de
Ville le. 10 Decembre 1720.

FIN.

APPROBATION

De Monsieur ANDRY, *Recteur &*
Professeur Royal , Docteur Regent de
la Faculté de Medecine de Paris , &
Censeur Royal des Livres.

J'AY lû par l'ordre de Monseigneur le
Chancelier ce *Journal abregé de ce qui s'est*
passé en la Ville de Marseille , depuis qu'elle
est affligée de la contagion , tiré du Memorial de la Chambre du Conseil de l'Hôtel de Ville, tenu par le Sr Pichatti de
Croislainte Conseil & Orateur de la Communauté & Procureur du Roy de la Police , imprimé à Carpentras chez Domi-
nique Eysseric en 1721. & je n'y ai rien
trouvé qui en puisse empêcher l'impression,
à quelques lignes près que j'ai effacées de
ma main. Fait à Paris ce 7 Juillet 1721.

ANDRY.

Imprimer ledit Livre en tels volumes, forme, marge, caractere, conjointement ou separément, & autant de fois que bon luy semblera, & de le faire vendre & debiter par tout nôtre Royaume pendant le tems de six années consecutives, à compter du jour de la datte desdites Presentes ; faisons defenses à toutes sortes de personnes de quelque qualité & condition qu'elles soient, d'en introduire d'impression étrangere dans aucun lieu de notre obéissance; comme aussi à tous Libraires, Imprimeurs & autres d'imprimer, faire imprimer, vendre, debiter ny contrefaire ledit Livre cy dessus specifié, en tout ny en partie, ny d'en faire aucuns extraits sous quelque pretexte que ce soit d'augmentation, correction, changement de titre, meme d'impression, ou traduction étrangere ou autrement, sans la permission expresse & par écrit dudit exposant ou de ceux qui auront droit de luy, à peine de confiscation des exemplaires contrefaits, de trois mille livres d'amende contre chacun des contrevenans, dont un tiers à Nous, un tiers à l'Hôtel-Dieu de Paris, l'autre tiers audit Exposant ; & de tous depens, dommages & interêts; à la charge que ces Presentes seront enregistrées tout au long sur le Registre de la Communauté des Libraires & Imprimeurs de Paris, & ce dans trois mois de la date d'i-

celles ; que l'impreſſion de ce Livre cy-
deſſus expliquée ſera faite dans notre Royaume & non ailleurs en bon papier &
en beaux caracteres, conformement aux
Reglemens de la Librairie ; & qu'avant de
l'expoſer en vente, le manuſcrit ou imprimé qui aura ſervi de copie à l'impreſſion dudit Livre cy-deſſus énoncé ſera remis dans le même état où l'approbation y
aura été donnée, és mains de notre tres-cher
& feal Chevalier Chancelier de France le
Sieur Dagueſſeau ; & qu'il en ſera enſuite
remis deux exemplaires dans notre Biblio-
theque Publique, un dans celle de notre
Château du Louvre, & un dans celle de
notre trés-cher & feal Chevalier Chancelier de France le Sieur Dagueſſeau, le
tout à peine de nullité des Preſentes ; du
contenu deſquelles vous mandons & en-
joignons de faire jouir ledit Expoſant ou
ſes ayans cauſe, pleinement & paiſiblement,
ſans ſouffrir qu'il leur ſoit fait aucun trou-
ble ou empêchemens. Voulons que la copie deſdites Preſentes, qui ſera imprimée
tout au long au commencement ou à la
fin dudit Livre, ſoit tenuë pour duëment
ſignifiée, & qu'aux copies collationnées par
l'un de nos amez & feaux Conſeillers-Se-
cretaires, foy ſoit ajoûtée comme à l'ori-
ginal. Commandons au premier notre Huiſ-
ſier ou Sergnt de faire pour l'execution d'i-

celles, tous actes requis & neceſſaires, ſans
demander autre permiſſion; & nonobſtant
clameur de Haro, Charte Normande, &
Lettres à ce contraires. Car tel eſt notre
plaiſir. Donné à Paris le dix-ſeptiéme jour
du mois de Juillet, l'an de grace mil ſept
cens vingt-un; & de notre Regne le ſixiéme.
Par le Roy en ſon Conſeil, CARPOT.

Il eſt ordonné par l'Edit du Roy du
mois d'Août 1686. & Arreſts de ſon Conſeil, que les Livres dont l'impreſſion ſe per-
met par Privilege de ſa Majeſté, ne pou-
ront être vendus que par un Libraire ou
un Imprimeur.

Regiſtré ſur le Regiſtre IV. de la Com-
munauté des Libraires & Imprimeurs de Pa-
ris, page 757. numero 821. conformément
aux Reglemens, & notamment à l'Arreſt du
Conſeil du 13. Aouſt 1703. A Paris le 28.
Juillet 1721. DELAULNE, Syndic.